돈으로 말하는 음악 저작권

이 책은 음악저작물의 저작재산권에 관한 내용을 한국음악저작권협회 징수 및 분배 규정과 함께 사례를 중심으로 설명하였다.

한국음악저작권협회 징수규정(최신개정 : 2022년 8월 23일), 분배규정(최신개정 : 2022년 9월 6일)에 근거하였으므로 해당 규정의 변경 시 그에 따라 관련 내용이 상이할 수 있다. 또한 사례에서의 저작권사용료와 분배금액은 관련 내용의 이해를 돕기 위한 것으로 징수 및 분배규정에 의한 절대적인 값이 아님을 이해하기 바란다.

저작권에 관해 이야기하는 것은 저작물의 특성과 저작자, 그리고 저작물이 이용되는 환경 및 방법 등에 따라 다양하고 종합적인 판단을 필요로 한다. 따라서 그러한 저작물에 대한 저작권사용료 또한 그 징수와 분배를 결정함에 있어 여러 변경 요인이 작용할 수 있다.

© 문성운&목정원. 2023.

돈으로 말하는
음악 저작권

창작자, 저작권자, 투자자를 위한 음악저작권 설명서

MSTORY

목차

들어가며   6

음악저작권 사용료   16

음악저작권사용료의 징수와 분배   25

1 전송사용료
32

(1) 스트리밍   34
(2) 다운로드   36
(3) 광고수익 기반 스트리밍   37

2 복제사용료
40

(1) CD   42
(2) DVD   46
(3) USB   49
(4) 노래반주기   51
(5) 영화   60
(6) 광고   73
(7) 선거로고송   76
(8) 출판   82

3 방송사용료 89	(1) 지상파방송	92
	지상파 방송사용료의 징수	93
	지상파 방송사용료의 분배	106
	(2) IPTV	129
	IPTV 방송사용료의 징수	131
	IPTV 방송사용료의 분배	136
4 공연사용료 141	(1) 연주회 등	146
	(2) 영업장	150
	유흥주점 등 공연사용료의 징수	151
	유흥주점 등 공연사용료의 분배	159

글을 마치며	184
참고문헌	186

들어가며

음악저작물이란, 음성이나 음향 등의 음(音)으로 인간의 사상이나 감정을 표현한 창작물을 의미한다. 음악저작물에 대해 베른협약 제2조(1)은 "가사를 수반하거나 하지 않은 악곡(musical compositions with or without words)"이라고 정의하고 있는데 이와 같이 음악저작물에는 가사를 수반하는 대중가요, 가곡, 오페라 아리아 등은 물론이고 가사를 가지고 있지 않은 악곡 또한 포함된다.

한국음악저작권협회*(이하, '음저협'이라 한다) 또한 징수규정 제4조(음악저작물) 제1호를 통해 음악저작물을 "인간의 사상이나 감정을 음으로 표현한 창작물로서 가사 및 악곡을 지칭한다"라고 정의함으로써 가사와 악곡을 모두 음악저작물로 판단하고 있음을 알 수 있다.

> **판례** 대법원 2015.8.13. 선고 2013다14828 판결.
>
> 법원은 음악저작물의 정의와 관련하여 **"음악저작물은 일반적으로 가락(melody), 리듬(rhythm), 화성(harmony)의 3가지 요소로 구성되고, 이 3가지 요소들이 일정한 질서에 따라 선택·배열됨으로써 음악적 구조를 이루게 된다."** 고 명시한 바 있다.

---

* 한국음악저작권협회(KOMCA, Korea Music Copyright Association)는 1964년 설립되어 저작권법에 의거 음악 저작권자들의 권익을 보호하고 음악저작물 사용자의 이용편의를 도모함으로써 음악문화의 향상 발전에 기여하는데 목적이 있다.

> **가사를 포함하든 포함하지 않든
> 음성이나 음향 등의 음(音)으로
> 인간의 사상이나 감정을 창작적으로 표현하면
> 음악저작물이 될 수 있다.**

우리 저작권법*은 각 장르별 저작물에 대해 명확히 정의하고 있지 않다. 다만, 저작권법 제2조(정의)를 통해 "저작물"은 인간의 사상 또는 감정을 표현한 창작물이라고 명시하고 있으며 제4조(저작물의 예시 등) 제1항에서 어문, 음악, 연극, 미술, 영상 등 저작물의 표현 방식에 따라 총 9가지 저작물의 예시를 나열하고 있다.

저작권법 제4조(저작물의 예시)

① 이 법에서 말하는 저작물을 예시하면 다음과 같다.
1. 소설·시·논문·강연·연설·각본 그 밖의 어문저작물
2. 음악저작물
3. 연극 및 무용·무언극 그 밖의 연극저작물
4. 회화·서예·조각·판화·공예·응용미술저작물 그 밖의 미술저작물
5. 건축물·건축을 위한 모형 및 설계도서 그 밖의 건축저작물
6. 사진저작물(이와 유사한 방법으로 제작된 것을 포함한다)
7. 영상저작물
8. 지도·도표·설계도·약도·모형 그 밖의 도형저작물
9. 컴퓨터프로그램저작물

---

* 저작권법[시행 2022. 12. 8.] [법률 제18547호, 2021. 12. 7., 타법개정]

이러한 음악저작물과 관련하여 우리에게 이슈가 되는 것은 "가수나 연주자가 저작권이 있는 노래를 부르고 음악을 연주하려면 어떻게 해야할까", 또는 "음악을 TV에서 방송하고 무대에서 공연할 때 저작자는 얼마의 저작권료를 받을 수 있을까"일 것이다.

> **음악저작물은 어떻게 사용하고 저작권사용료는 얼마일까?**

KBS Joy 채널의 〈이십세기 힛-트쏭*〉 136회(2022.10.28.) 방송분에서 "가수 신승훈은 1990년 직접 작사, 작곡한 '보이지 않는 사랑'으로 35억6천만원"을, 그리고 "가수 윤종신은 2017년 발표한 '좋니'의 작사로 30억원을 저작권료로 받았다"고 이야기했다.

한편 현재 우리나라를 대표하는 세계적인 그룹 BTS의 소속사인 하이브는 2021년 사업보고서를 통해 수석프로듀서 강효원(피독, Pdogg)의 보수 총액을 약 400억원으로 발표했다. 당시 일부 언론사는 방탄소년단 작곡가 피독이 2019년 이후 4년 연속 저작권대상을 수상했으며, 그의 저작권료 수입이 매년 수십억 원에 이를 것이라고

---

* KBS Joy 채널에서 2020년 3월 27일 이후 운영하는 방송 프로그램. 대한민국 가요의 역사가 고스란히 담긴 KBS의 올드 케이팝 프로그램을 소환하고 재해석하여 대중이 원하는 뉴트로 가요의 갈증을 해소하는, 신개념 뉴트로 음악 차트쇼 프로그램이다. 〈출처: 이십세기 힛-트쏭 프로그램 홈페이지 內 방송정보〉

추정 보도하기도 했다*.

2022년 음악산업백서**에 의하면 2021년 글로벌 음악시장 규모는 492억 7,400만 달러, 우리 돈으로 약 61조 5천억 수준이다. 그리고 2021년 하반기 및 연간 콘텐츠산업 동향 분석***에서는 국내 음악산업의 2021년 매출액이 총 6조 3천억원으로 나타났는데 이는 글로벌 음악시장의 10%에 해당하는 규모이다.

그만큼 음악은 우리 생활 가까이에 있으며, 그로 인한 음악시장 또한 매우 크다. 그리고 시장이 크다는 것은 음악을 이용하는 이용자가 많다는 것을 의미한다. 한 조사****에 따르면 응답자 3,500명 중 87.6%가 '주1회 이상' 음악을 이용하고, 그중 47%는 음악을 '거의 매일' 듣는다고 응답했다.

그리고 음악 저작자의 권리를 보호하는 음저협은 2021년에 2,885

---

* "'BTS 프로듀서' 피독, 저작권료 수입 1위", 박대의 기자, 매일경제(2022.2.23.); "정몽구보다 많이 번 BTS 작곡가, 4년째 저작권료 1위", 김지예 기자, 서울신문(2022.2.23.); "'BTS 프로듀서' 피독, 저작권대상서 4년 연속 작사·작곡 대상", 김예나 기자, 연합뉴스(2022.2.23.) 등. 〈참고: 피독은 2023년 2월 28일 개최된 '제9회 콤카(KOMCA) 저작권대상' 시상식에서 대중음악 부문 작사·작곡 분야 대상을 수상함으로써 피독은 2019년 이후 5년 연속 수상 기록을 세웠다.〉
** 『2022 음악 산업백서』, 한국콘텐츠진흥원(2023.)
*** 『2021년 하반기 및 연간 콘텐츠산업 동향분석』, 한국콘텐츠진흥원(2022.)
**** 『2022 음악 산업백서』, 한국콘텐츠진흥원(2023.)

억원을, 2022년에는 3,555억원의 음악저작권사용료를 징수했다.* 이는 전년 대비 1.3배가 증가한 수치이며 우리나라 음악산업 전체 규모의 5.6%를 상회하는 금액이다.

> **저작권법 제10조(저작권)**
>
> ① 저작자는 제11조 내지 제13조의 규정에 따른 권리(이하 "저작인격권"이라 한다)와 제16조 내지 제22조의 규정에 따른 권리(이하 "저작재산권"이라 한다)를 가진다.
> ② 저작권은 저작물을 창작한 때부터 발생하며 어떠한 절차나 형식의 이행을 필요로 하지 아니한다.

> **저작권법 제105조(저작권위탁관리업의 허가 등)**
>
> ① 저작권신탁관리업을 하고자 하는 자는 대통령령으로 정하는 바에 따라 문화체육관광부장관의 허가를 받아야 하며, 저작권대리중개업을 하고자 하는 자는 대통령령으로 정하는 바에 따라 문화체육관광부장관에게 신고하여야 한다. 다만, 문화체육관광부장관은 「공공기관의 운영에 관한 법률」에 따른 공공기관을 저작권신탁관리단체로 지정할 수 있다.

저작물에 대해 저작권을 가진다는 것은 창작에 대한 기여도를 단순히 인정하는 데 그치지 않고, 그 저작물을 사용하도록 또는 사용하지 못하도록 권리를 행사할 수 있고 해당 저작물이 사용되었을 때 그로 인한 재산적 이익을 취할 수 있는 권리가 주어진다는 의미이다.

---

* 음저협 › 협회소개 › 실시간 회계 정보 › 신탁회계 징수현황.

> **저작권자는 자신의 저작물을
> 타인이 사용하거나 또는 사용하지 못하도록
> 권리를 행사할 수 있고
> 저작물의 이용에 대하여 재산적 이익을 취할 수 있다.**

  물론 '음악', '창작'은 돈 이상의 소중한 가치가 있지만, 창작에 대한 정당한 권리 행사와 보상은 활발한 창작활동을 위한 동기를 부여한다. 또한 이는 나아가 음악뿐만 아니라 영화, 드라마 그리고 게임과 같은 문화 산업 분야에 종사하는 이들에게 K-콘텐츠 등 우리의 문화가 나아가야 할 방향을 제시하는 중요한 이정표가 된다. 그러므로 저작물에 대한 적절한 보상은 문화산업에서의 필수적인 요소라 할 수 있다.

  그리고 이제 음악은 우리 생활에서 '창작'과 '감상'의 의미를 뛰어넘어 재산적 이익을 가져다 줄 수도 있는 하나의 '투자' 대상이 되었다. 한 기사에 따르면 세계 최초 음악 저작권 투자 플랫폼을 개발한 "뮤직카우"의 누적가입자 수가 2022년 2월 기준 100만명을 돌파했으며 누적 투자 거래액도 3,399억원을 넘었다고 한다.[*] 더욱이 2022년 4월 금융감독원은 뮤직카우의 '청구권'이 자본시장법상 투자계약

---

[*] "플랫폼, '공공의 적'인가 ⑥ 조각투자 新시장 개척한 '뮤직카우', 규제 당국에 뭇매", 성현희 기자, 전자신문(2022.3.9.)

증권에 해당하는 것으로 판단*하고 같은 해 11월 제재절차 보류에 대한 면제를 결정함으로써** 저작권의 '조각투자', '토큰증권', 그리고 '문화테크'라는 말은 우리 생활경제에서 더이상 낯설고 생소한 말이 아니게 되었다.

우리는 이제 창작자가 아니어도, 주식을 하지 않아도 우리의 일상에서 음악저작물의 저작권관계자가 되고 그 저작권에 투자자가 될 수 있다는 것이다.

그렇다면 음악 및 문화 산업과 밀접한 관련이 있는 자로서, 가령 작사, 작곡자이거나 콘텐츠 제작자 혹은 투자자라면 해마다 수백억씩 증가하고 있는 음악저작권료의 징수와 분배 방식을 알고 그 결과에 대한 예측이 가능하다는 것은 매우 중요한 일이다.

이와 같이 중요한 음악저작권 사용료는 어떻게 산정되어 누구에게 징수하며 저작권자에게 어떻게 분배하는 걸까? 혹은 좋아하는 가수의 노래가 TV나 라디오를 통해 흘러나올 때 해당 노래의 작곡, 작사가는 얼마를 받을 수 있을지 의문을 가져본 적이 있는가? 그렇다면 이 책은 그러한 의문에 대해 충분한 해답을 제시할 것이다.

---

* "[보도자료] 저작권료 참여청구권의 증권성 여부 판단 및 ㈜뮤직카우에 대한 조치", 금융위원회(2022.4.20.)
** "'미술·한우 조각투자도 증권투자 해당'…뮤직카우는 제재 면제", 임수정 기자, 연합뉴스(2022.11.29.); "'저작권 조각투자' 뮤직카우, 금융위 제재 면제", 홍상수 기자, 전국매일신문(2022.12.1.) 등.

무엇보다 이 책의 가장 큰 의도는 음악저작권사용료의 징수와 분배에 대한 과정을 설명함으로써 그 체계를 이해하고 저작권사용료에 대한 예측가능성을 만드는데 있다. 그리고 저작권자, 이용자, 관련 협회와 기관 등이 그러한 예측을 바탕으로 서로 신뢰하고 공생해 나갈 수 있는 건전한 문화시장이 만들어지기를, 그리고 그 첫걸음에 이 책이 기여할 수 있기를 기대한다.

> **저작권사용료의 징수와 분배에 대한
> 예측가능성은 편리함을 넘어
> 신뢰를 바탕으로 한 공생의 첫걸음이 된다.**

음악저작권
사용료

음악저작권 사용료 ·············· 16
음악저작권사용료의 징수와 분배 ··· 25

음악저작권 사용료

　음저협으로부터 음악저작권 사용료를 받기 위해서는 음악저작물의 저작자를 포함한 관계권리자가 음저협의 회원(정회원, 준회원) 및 신탁계약체결자 등으로 가입되어 있어야 한다.

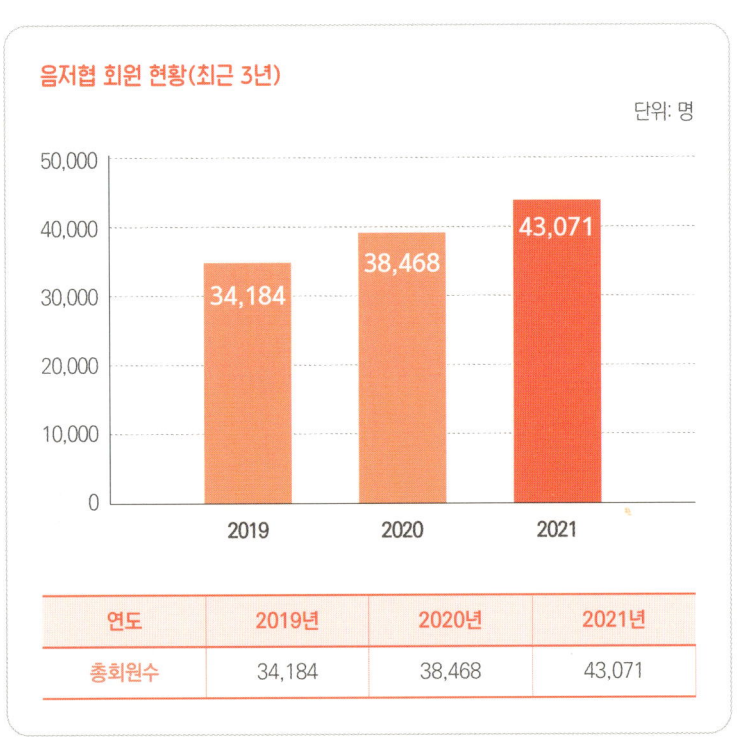

음저협 회원 현황(최근 3년) 단위: 명

연도	2019년	2020년	2021년
총회원수	34,184	38,468	43,071

그리고 음악저작물이 관리저작물로 등록되어 있으며 음악저작물의 관계권리자가 음저협 분배규정 제14조(분배율)에 따른 분배비율을 보유하고 있어야 한다.

분배규정 제2조(정의)

이 규정에서 사용하는 용어의 정의는 다음과 같다.
1. 관계권리자: 한 저작물에 관계되는 작곡자, 작사자, 편곡자, 역사자(이들의 저작재산권의 승계자를 포함한다) 또는 음악출판자를 말한다.

〈중간생략〉

4. 관리저작물: 관계권리자가 본 협회에 신고하여 등록된 저작물을 말하며, 상호관리계약을 체결한 단체가 관리하는 저작물을 포함한다.

분배비율이란 각 음악저작물의 창작적 기여도에 따라 창작자에게 주어지는 권리비율로써 **음악저작물의 사용으로 발생하는 저작권사용료는 해당 비율에 따라 권리자에게 분배된다.**

분배규정 제14조(분배율)

저작물 사용에 대한 사용료를 관계권리자에게 분배하는 비율은 아래와 같다.

	관계권리자	분배율
1	작곡자	12/12
2	작곡자	10/12
	편곡자	2/12
3	작곡자	6/12
	작사자	6/12

	관계권리자	분배율
4	작곡자	5/12
	작사자	5/12
	편곡자	2/12
5	작곡자	5/12
	작사자	5/12
	역사자	2/12
6	작곡자	5/12
	작사자	5/12
	편곡자	1/12
	역사자	1/12
7	작곡자	8/12
	음악출판자	4/12
8	작곡자	6/12
	편곡자	2/12
	음악출판자	4/12
9	작곡자	4/12
	작사자	4/12
	음악출판자	4/12
10	작곡자	3/12
	작사자	3/12
	편곡자	2/12
	음악출판자	4/12

	관계권리자	분배율
11	작곡자	3/12
	작사자	3/12
	역사자	2/12
	음악출판자	4/12
12	작곡자	3/12
	작사자	3/12
	편곡자	1/12
	역사자	1/12
	음악출판자	4/12

단, 관계권리자간 분배비율에 관한 별도의 정함이 있는 경우 그에 따라 분배한다.

일반적으로 작사자, 작곡자, 편곡자 3인이 공동작업을 했을 경우, 100%의 저작권 중 작사자와 작곡자가 각각 41.67%씩, 그리고 편곡자가 16.66%의 지분을 보유한다.

	관계권리자	분배율
4	작곡자	5/12
	작사자	5/12
	편곡자	2/12

작곡자	5/12 × 100 = 41.67%
작사자	5/12 × 100 = 41.67%
편곡자	2/12 × 100 = 16.66%

그러나 "관계권리자간 분배율에 관한 별도의 정함이 있는 경우 그에 따라 분배한다"라는 제14조 단서에 따라 **당사자 간 협의에 의한 비율이 결정된다면 분배규정 제14조 본조항에 따른 원칙은 적용하**

지 않는다. 그러므로 저작물의 창작에 기여한 정도에 따라 100%의 저작권이 1인에게 모두 귀속되기도 하며 창작적 기여도가 전혀 없는 이유로 저작권을 갖지 못하는 경우가 발생하기도 한다.

분배비율에 따른 각 권리자의 저작권사용료는 음저협 징수규정 제5조(사용구분)에서 관리저작물 즉 음악저작물의 이용형태 및 매체를 기준으로 공연, 방송, 전송 등 총 6가지로 분류하고 있다.

징수규정 제5조(사용구분)

협회의 관리저작물의 이용구분은 다음 각 호와 같다.
1. 공연, 2. 방송, 3. 전송, 4. 웹캐스팅, 5. 복제 및 배포, 6. 대여 및 기타

저작권사용료의 분배 또한 해당 매체별로 이루어지는데, 음저협은 매월 23일 음악저작권사용료를 분배한다. 각 매체별 구체적인 분배시기는 음악저작물이 사용된 매체와 사용료 징수의 특성, 분배자료의 수집방법 등을 고려하여 정해진다.

공연, 방송, 전송 등 각 분배규정에 명시된 매체별 분배주기*를 표로 나타내면 다음과 같다.

---

* 음저협 분배규정 제15조, 제22조, 제27조, 제29조, 제32조의 사용료별 구분 및 분배기의 표를 취합하여 재구성하였다.

사용구분		분배기	분배대상 사용료
1. 공연 제3장 공연사용료 (제15조 내지 제21조)	노래연습장 유흥·단란주점	매월	전월 2개월에 징수한 사용료 합계의 평균
	항공사 기차 선박 경기장 등	7월	전년도에 징수한 사용료
		11월	전년도에 징수한 사용료
	호텔 콘도 백화점 대형마트 유원시설 등	4월	7~12월에 징수한 사용료
		10월	1~6월에 징수한 사용료
	커피전문점 비알코올 음료점 생맥주 전문점 기타주점 체력단련장 등	8월	전년도에 징수한 사용료
	연주회(무대공연) 영화 등	매월	전월에 징수한 사용료
2. 방송 제4장 방송사용료 (제22조 내지 28조)	공영방송사 민영방송사	9월	당해년도 1/4분기(1월~3월)에 징수한 사용료
		12월	당해년도 2/4분기(4~6월)에 징수한 사용료
		3월	전년도 3/4분기(7월~9월)에 징수한 사용료
		6월	전년도 4/4분기(10월~12월)에 징수한 사용료
	TV 중계유선 음악유선방송 CATV PP SO 위성방송 DMB방송 IPTV	7월	전년도 징수한 사용료
		11월	전년도 징수한 사용료

사용구분		분배기	분배대상 사용료
3. 전송 제6장 전송사용료 (제29조 내지 제31조)	다운로드 스트리밍 다운로드/스트리밍 혼합	매월	각 업체별로 분배자료가 확보되고, 사용료가 징수된 후 3개월 이내
4. 웹캐스팅 제7장 웹캐스팅 사용료 (제32조 내지 제34조)	방송사업자동시방송 개인방송 매장음악서비스 등	7월	전년도 징수한 사용료
		11월	전년도 징수한 사용료
5. 복제 및 배포 제5장 복제 및 대여사용료 (제27조 내지 제28조)	복제사용료	매월	전월에 사용한 복제사용료
	노래반주기 (월정사용료, 판매사용료)	11월	전년도 4/4분기부터 당해연도 3/4분기까지 징수한 사용료

※ 외국단체에 대한 사용료의 분배는 연4회(2,5,8,11월) 분배한다.(분배규정 제8장 보칙 제35조)

이러한 분배시기는 분배자료의 확보와 각 이용자의 업체별 특성 및 사정 등에 따라 변경 및 조정될 수도 있으나, 규정에 따른 월별 분배대상 사용료를 살펴보면, 1월에는 노래연습장 및 유흥·단란주점, 무대공연 등에 대한 공연사용료와 전송사용료, 복제사용료의 분배로 대상 매체가 가장 적으며, 11월에는 공연, 방송, 복제 등 총 9개로 분배대상 매체가 가장 많은 것을 알 수 있다.

구분	연번	분배대상 사용료
1. 공연	①	노래연습장, 유흥·단란주점
	②	항공사, 기차 선박, 경기장
	③	호텔, 콘도, 백화점, 대형마트, 유원시설 등
	④	커피전문점, 비알코올 음료점, 생맥주 전문점, 기타주점, 체력단련장 등
	⑤	연주회(무대공연), 영화 등

구분	연번	분배대상 사용료
2. 방송	⑥	공영방송사, 민영방송사
	⑦	TV 중계유선, 음악유선방송, CATV PP, SO, 위성방송, DMB방송, IPTV
3. 전송	⑧	다운로드, 스트리밍, 다운로드/스트리밍 혼합
4. 웹캐스팅	⑨	방송사업자동시방송, 개인방송, 매장음악서비스 등
5. 복제	⑩	복제사용료
	⑪	노래반주기(월정사용료, 판매사용료)
※ 외국	⑫	외국단체

구분	1.공연	2.방송	3.전송	4.웹캐스팅	5.복제	※외국
1월	①, ⑤		⑧		⑩	
2월	①, ⑤		⑧		⑩	⑫
3월	①, ⑤	⑥	⑧		⑩	
4월	①, ③, ⑤		⑧		⑩	
5월	①, ⑤		⑧		⑩	⑫
6월	①, ⑤	⑥	⑧		⑩	
7월	①, ②, ⑤	⑦	⑧	⑨	⑩	
8월	①, ④, ⑤		⑧		⑩	⑫
9월	①, ⑤	⑥	⑧		⑩	
10월	①, ③, ⑤		⑧		⑩	
11월	①, ②, ⑤	⑦	⑧	⑨	⑩, ⑪	⑫
12월	①, ⑤	⑥	⑧		⑩	

> 💡 **참고** — 음저협 음악저작물 사용료의 관리 수수료

음저협은 음악저작물 사용료의 관리 수수료와 관련하여, 2014년 이후 수수료율을 꾸준히 낮춰왔으며 그 결과, 2022년 기준 모든 매체의 수수료가 20% 미만으로 규정 및 적용되고 있다.

매체별 음악저작물 사용료의 관리 수수료율은 다음과 같으며, 이는 음저협 홈페이지를 통해 자세히 안내되어 있다*.

매체	구분	수수료율
공연	연주회콘서트	11%
	프로스포츠경기장 유원시설	19%
	유흥주점, 단란주점 무도장 카페 생음악공연등	12.5%
	노래연습장	13.5%
	경마장 호텔 백화점 항공기 기차	15%
방송	방송	6%
전송	전송	9%
웹캐스팅	웹캐스팅	12.5%
복제	음반	9%
	노래반주기 선거로고송, 뮤직비디오 게임기 기타녹음	12%
	영화 광고	5%
	출판	14%
대여	대여	15.5%
신탁단체입금	외국입금 교과용도서보상금	5%
영화 등 상영권	영화상영권	15.5%

이와같은 관리수수료는 징수한 저작권사용료를 저작권자에게 "분배"하는 시점에 공제할 수 있다.

* 음저협 〉 협회소개 〉 협회현황 〉 저작물 사용료 관리수수료율

음악저작권사용료의
징수와 분배

저작자는 저작인격권과 저작재산권을 가지며* 저작재산권자는 다른 사람에게 그 저작물의 이용을 허락할 수 있고 허락을 받은 이용자는 그 허락의 방법 및 조건의 범위 안에서만 그 저작물을 이용할 수 있다.**

음악저작물의 경우에도 타인의 저작물을 이용하기 위해서는 저작권자로부터 해당 이용에 대한 허락을 받아야 하는데 그 방법으로는 ▲권리자와 직접 협의를 통한 이용, ▲한국음악저작권협회(음저협) 또는 함께하는음악저작인협회 등과 같은 저작권신탁관리업자와 이용계약 또는 협의를 통한 이용이 있다. 그리고 ▲저작권법 제50조(저작재산권자 불명인 저작물의 이용) 내지 제52조(상업용 음반의 제작)에 근거하여 저작물을 저작재산권자가 아닌 법정허락에 의해 이용하는 방법이 있다.

그중 저작권신탁관리업자와의 이용계약 또는 협의를 통한 이용

---

* 저작권자는 저작인격권과 저작재산권을 가지나 이 책에서는 저작권사용료의 징수 및 분배 등에 관하여 이야기하고자 하므로 저작재산권을 중심으로 서술한다.
** 저작권법 제10조(저작권) 제1항 및 제46조(저작물의 이용허락) 제1항 내지 제2항.

방법이 통상적인 이용방법이라 할 수 있으며 특히 음저협은 2021년을 기준으로 국내곡만 100만곡 이상을 신탁관리하고 있는 것으로 알려져 있다.

음저협 누적 관리저작물수(최근 5년)
단위: 곡

구분	2019년	2020년	2021년
국내곡	820,324	913,241	1,014,838
국외곡(일반)	770,338	874,337	999,604
국외곡(라이브러리)	2,307,910	2,643,807	3,167,175
합 계	3,898,572	4,431,385	5,181,617

음저협은 저작권법 제105조 및 민법* 제32조에 근거해 저작권신탁관리업을 영위하는 비영리 사단법인이다.

민법 제32조는 "영리아닌 사업을 목적으로 하는 사단 또는 재단은 주무관청의 허가를 얻어 이를 법인으로 할 수 있다"고 규정하고 있으며, 저작권법 제105조는 저작권신탁관리업의 허가조건 중 하나로 "사용료의 징수 및 분배 등의 업무를 수행하기에 충분한 능력이 있을 것"을 요구하고 있다.

> **민법 제32조(비영리법인의 설립과 허가)**
>
> 학술, 종교, 자선, 기예, 사교 기타 영리아닌 사업을 목적으로 하는 사단 또는 재단은 주무관청의 허가를 얻어 이를 법인으로 할 수 있다.

---

* 민법[시행 2022. 12. 13.] [법률 제19069호, 2022. 12. 13., 일부개정]

> **저작권법 제105조(저작권위탁관리업의 허가 등)**
>
> ① 저작권신탁관리업을 하고자 하는 자는 대통령령으로 정하는 바에 따라 문화체육관광부장관의 허가를 받아야 하며, 저작권대리중개업을 하고자 하는 자는 대통령령으로 정하는 바에 따라 문화체육관광부장관에게 신고하여야 한다. 다만, 문화체육관광부장관은 「공공기관의 운영에 관한 법률」에 따른 공공기관을 저작권신탁관리단체로 지정할 수 있다.
> ② 제1항에 따라 저작권신탁관리업을 하고자 하는 자는 다음 각 호의 요건을 갖추어야 하며, 대통령령으로 정하는 바에 따라 저작권신탁관리업무규정을 작성하여 이를 저작권신탁관리허가신청서와 함께 문화체육관광부장관에게 제출하여야 한다. 다만, 제1항 단서에 따른 공공기관의 경우에는 제1호의 요건을 적용하지 아니한다.
> 1. 저작물등에 관한 권리자로 구성된 단체일 것
> 2. 영리를 목적으로 하지 아니할 것
> 3. 사용료의 징수 및 분배 등의 업무를 수행하기에 충분한 능력이 있을 것

이에 따라 음저협은 문화체육관광부의 승인을 받은 음악저작물 사용료 징수규정(이하 '징수규정'이라 한다)과 음악저작물 사용료 분배규정(이하 '분배규정'이라 한다)을 두고 음악 이용자로부터 징수규정에 의한 사용료를 징수하여 분배규정에 의한 사용료를 저작자에게 분배하는 역할을 수행하고 있다.

이 책은 이러한 협회 및 기관 등 저작권 분야에서 오랜기간 근무했던 경험을 바탕으로 집필했다. 우리 주변에서 흔히 접할 수 있는 **음악저작물의 사용이 어떠한 규정과 절차에 의해 수익이 발생하고 배분되는지를 관련 규정 및 예시와 함께 설명한다.** 그리고 자세한

설명을 위해 가상의 'A작가'가 음악저작물 1곡을 기준으로 작사·작곡에 대한 권리지분 100%를 가지고 있고, 음저협에 이 저작물에 대한 권리지분 100%를 신탁했다고 가정한다.

> **참고** — 2021년 음저협 저작권사용료 징수실적*
>
> 음저협은 2021년 회계정보와 저작권료 징수 통계 등을 통하여, 2021년 총 2,885억원의 저작권사용료를 징수했다고 밝힌 바 있다. 매체와 사용형태별 자세한 징수금액은 아래 표와 같다.

매체	사용형태	징수금액
방송사용료	무선방송	10,761,316,000
	유선방송	17,249,082,771
	IPTV	11,273,236,570
	기타	2,671,492,446
	소계	**41,955,127,787**
전송사용료	전송(유선)	135,369,855,478
	전송(무선)	885,519,816
	소계	**136,255,375,294**
복제사용료	음반(CD, TAPE)	55,350,509,813
	노래반주기	5,190,622,942
	광고	1,188,796,940
	출판	1,171,886,384
	기타	2,699,170,595
	소계	**65,600,986,674**

* 음저협 > 협회소개 > 정보공개 > 3887억 회계오픈 > 2021년 12월 회계정보 中 수입실적표

매체	사용형태	징수금액
공연사용료	무대공연(콘서트 등)	1,395,597,379
	유흥주점	7,420,410,855
	단란주점	2,498,087,967
	노래연습장	9,826,635,473
	호텔, 백화점, 항공기 등	2,412,353,580
	기타공연	2,210,435,675
	소계	25,763,520,929
외국입금사용료	외국입금	18,000,221,991
	소계	18,000,221,991
사용료 합계		287,575,232,675
기타 수입이자		985,867,620
합계		288,561,100,295

2020년부터 코로나19(COVID-19)로 인한 사회적 거리두기, 유흥 및 단란주점의 집합금지 명령, IPTV와의 방송사용료 청구소송 등과 같이 2021년 음저협에는 여러 어려움이 있었다. 그럼에도 발전하는 콘텐츠 시장만큼 음악저작물의 사용 또한 지속적으로 증가하고 있으며 그에 따른 저작권사용료도 꾸준히 늘어나고 있어, 2021년에는 2,885억원을, 2022년에는 3,555억원의 음악저작권 사용료를 징수했다.

매체별 음악저작권사용료

전송사용료 ······ 32
복제사용료 ······ 40
방송사용료 ······ 89
공연사용료 ······ 141

1. 전송사용료

디지털 시대에서 우리가 음악을 가장 쉽게 그리고 많이 접할 수 있는 방법은 아마 다운로드와 스트리밍일 것이다. 이러한 음악의 다운로드 및 스트리밍 서비스와 관계된 저작권사용료가 '전송*사용료'이다.

음저협 매체별 연간 징수금액(5개년)　　　　　　　　　　단위: 억원

매체	2017년	2018년	2019년	2020년	2021년
방송사용료	442.0	456.0	389.6	427.3	419.6
전송사용료	554.2	671.1	863.0	1,097.7	1,362.6
복제사용료	248.5	339.6	352.2	479.0	656.0
공연사용료	438.3	461.4	458.5	322.7	257.6
외국사용료	80.6	100.0	134.0	151.4	180.0
기타수입	4.9	6.0	10.9	9.2	9.8
합계	1,768.5	2,034.1	2,208.2	2,487.3	2,885.6

---

* 저작권법 제2조(정의)
  10. "전송(傳送)"은 공중송신 중 공중의 구성원이 개별적으로 선택한 시간과 장소에서 접근할 수 있도록 저작물등을 이용에 제공하는 것을 말하며, 그에 따라 이루어지는 송신을 포함한다.

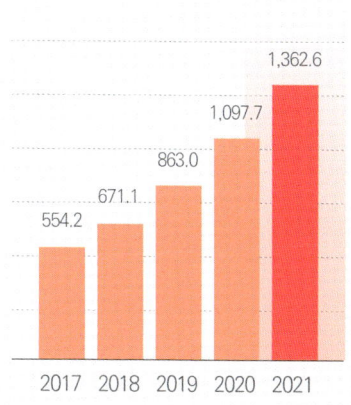
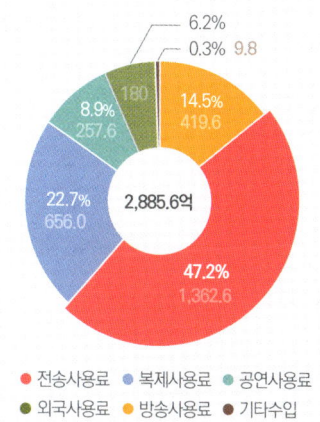

음저협이 징수하는 전송사용료에는 유선사용료와 무선사용료가 있는데, 유선사용료의 경우 일반적으로 듣는 다운로드, 스트리밍 서비스(멜론, 지니뮤직 등)를 의미하며 무선사용료는 음악저작물 사용료 징수규정의 제25조(전화를 이용한 서비스)에서 명시한 벨소리, 통화연결음 등이 대표적이다.

이는 과거 스마트폰이 개발되기 이전에 생긴 규정에서 이어져 온 용어로써 여러 서비스가 혼재되어 있는 요즘 유·무선을 구분하는 것이 어떠한 실익이 있을지 의문이 들기도 한다. 그리고 만약 이를 구분해야 한다면 그 기준을 명확하고 구체적으로 명시할 필요가 있다.

(1) 스트리밍

스트리밍(streaming)이란, 인터넷 상에서 음성이나 동영상 등을 실시간으로 재생하는 기법을 의미하며* 콘텐츠를 소유하기보다는 소비하는 문화에서 가장 친숙한 콘텐츠 이용방법이다. 그래서 2021년 **음저협이 가장 많은 금액을 징수한 전송사용료 중 스트리밍 사용료 (광고수익 기반 스트리밍 포함)가 778억원으로 약 57%를 차지한다.**

2021년 전송 매체별 사용료 징수실적

전송 매체	징수금액 (억원)	비율(%)
스트리밍	778	57
다운로드	86	6
영상(포털)	482	35
링벨	9	1
기타	7	1
합계	1,362	100

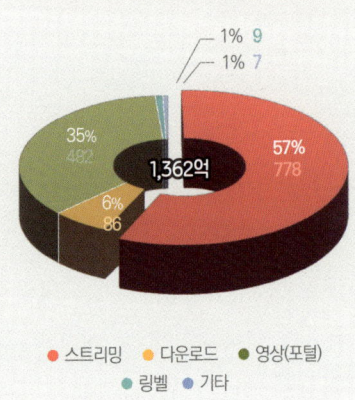

스트리밍에 대한 저작권사용료는 징수규정 제23조(주문형 스트리밍 서비스)에 근거하여, 각 곡의 단가에 저작권 지분율과 이용횟수를 반영하여 산정한다.

---

* 매일경제용어사전 등.

> **징수규정 제23조(주문형 스트리밍 서비스)**
>
> ① 소비자가 요청하는 음악저작물(뮤직비디오를 포함한다. 이하 이 장에서 같다)을 스트리밍 방식으로 제공하고 이용한 횟수에 비례하여 소비자에게 이용료를 부과하는 경우 또는 특정 상품(서비스)의 판매를 목적으로 소비자에게 무료로 제공하는 경우의 사용료는 다음과 같다.
> 1.4원(곡당 단가) × 이용횟수 × 지분율

예를 들어, 'A작가'가 음저협에 신탁한 저작물의 경우 **일반적으로 스트리밍 서비스 플랫폼에서 10,000회가 이용되었다면 플랫폼 사업자가 'A작가'의 곡을 대중에게 서비스한 대가로 지급해야 하는 저작권사용료는 14,000원이다.**

> 1.4원(곡당 단가) × 10,000회(스트리밍 횟수) × 100%(A작가 지분율) = 14,000원

이렇게 플랫폼 사업자로부터 징수한 14,000원은 전송사용료의 분배기(매월)에 맞춰 'A작가'에게 수수료를 공제하고 분배된다. 따라서 A작가의 음악저작물에 대한 전송사용료 14,000원을 2022년 3월에 징수하였다면, A작가는 분배자료가 확보되고 사용료가 징수된 3개월 이내에 해낭사용료를 분배받는다.

(2) 다운로드

일반적인 음악 다운로드 서비스 이용 시, 소비자가 다운로드 1회당 약 770원정도의 이용료를 지불한다면, 이러한 서비스 사업자가 납부하는 저작권사용료는 음저협 징수규정 제23조의2 제1항 제1호에 따라 곡당 77원으로 책정된다.

> **징수규정 제23조2(주문형 다운로드 서비스)**
>
> ① 소비자가 요청하는 음악저작물을 곡당 다운로드 방식으로 제공하는 경우의 사용료는 제1호와 같다. 다만, 그 금액이 제2호보다 적을 경우 제2호로 한다.
> 1. 77원(곡당 단가) × 다운로드횟수 × 지분율
> 2. 매출액 × 11%(음악사용료율) × 음악저작물관리비율

만약 다운로드 서비스 이용자들이 A작가의 곡을 총 1,000회 다운로드 받았다면, 해당 이용으로 A작가의 곡에 대해 발생한 저작권사용료는 77,000원이다.

> 77원(곡당 단가) × 1,000회(다운로드 횟수) × 100%(A작가 지분율) = 77,000원

음저협에서는 이 외에도 전송의 형식으로 사용되는 여러 서비스에 대해 다양한 규정을 가지고 해당 서비스에 맞게 사용료를 징수하고 있다. 하지만 음악저작물의 전송이라고 하면 우리는 대부분 스트리밍과 다운로드를 떠올리게 된다. 이러한 서비스에서 음악저작물을 이용하는데 있어 일반적으로 스트리밍의 경우에는 1.4원이, 다운로드는 77원이 곡당 단가로 정해지며 이를 적용하여 이용횟수에 따라 책정된 저작권사용료가 저작자의 몫으로 확보됨을 알 수 있다.

(3) 광고수익 기반 스트리밍

징수규정 제23조(주문형 스트리밍 서비스)에는 소비자가 요청하는 음악저작물을 스트리밍 방식으로 제공하고 횟수에 따라 이용금액을 책정하는 방식 외에도 ▲월정액을 받고 음악저작물을 스트리밍 방식으로 제공하는 경우(제2항)와 ▲월정액 스트리밍 상품에 소비자가 가입 기간 동안 오프라인상 재생 기능이 포함된 경우(제3항), 그리고 ▲광고수익을 목적으로 소비자가 음악저작물을 청취할 때 광고가 노출되도록 하는 방식(제4항) 등이 있다.

그중 제4항의 소비자가 음악저작물을 청취할 때 광고를 목적으로 음악저작물을 무료로 제공함으로써 광고수익을 주요 목적으로 하는 서비스를 "광고수익 기반 스트리밍 상품"이라고 한다. 해당 서비스에 대한 저작권사용료는 제4항 제1호에 따라, 곡단가 0.74원에 이용횟수와 지분율을 반영하는데 만약 그 금액이 제2호에서 정하고 있는 매출액 기반의 저작권사용료보다 적을 경우에는 제4항 단서에 따라 제2호의 방식을 적용한다.

징수규정 제23조(주문형 스트리밍 서비스)

④ 제1항 내지 제3항과 달리 광고수익을 목적으로 소비자가 음악저작물을 청취할 때 광고가 노출되도록 하는 방식으로 음악저작물을 소비자에게 무료로 제공하는 경우(이하 "광고수익 기반 스트리밍 상품"이라 한다)의 사용료는 제1호와 같다. 다만, 그 금액이 제2호보다 적을 경우 제2호로 한다.

1. 0.74원(곡당 단가) × 이용횟수 × 지분율

2. 매출액 × 10.5%(음악사용료율) × 음악저작물관리비율

전 세계적으로 광고를 기반으로 무료서비스를 시행하는 스포티파이(spotify)*의 경우를 살펴보자면, 스포티파이는 한국과 대만을 제외한 지역에서 Spotify Free 요금제를 통해 무료 이용이 가능하다.

스포디파이와 같이 광고 수익을 목적으로 음악저작물에 대해 무료로 스트리밍 서비스를 하는 경우, 해당 음악에 대한 저작권사용료는 징수규정 제23조 제4항을 통해 이용 횟수마다 0.74원을 징수하도록 규정하고 있다. 물론 스포티파이의 무료 서비스가 국내에는 적용되지 않지만, 대표적인 광고 수익형 스트리밍 서비스인 스포티파이로 예를 들어보고자 한다.

2021년 11월, 방탄소년단 멤버 뷔의 솔로곡 '이너차일드'(Inner Child)가 스포티파이에서 1억900만 스트리밍을 돌파했다고 한다.** 이 뉴스를 토대로 만약 스포티파이가 한국지역 내에서 광고를 기반으로 스트리밍 1억

---

* Spotify(스포티파이)는 2008년 스웨덴에서 시작한 세계 최대 음원 스트리밍 서비스로, 2022년 4분기 기준으로 월간 사용자는 4억 8,900만 명, 프리미엄 사용자는 2억 500만 명이다. 〈출처: 나무위키〉

스포티파이 요금제		
구분	국내(단위, 원)	미국 기준(단위, 달러)
무료	미출시	0.00 (spotify free 요금제)
학생	미출시	4.99
베이직	8,690/월	미출시
개인	11,990/월	9.99
듀오	17,985/월	12.99
가족	미출시	15.99

** "방탄소년단 뷔 자작곡 '이너차일드' 스밍횟수 1억900만 달성", 이선명 기자, 스포츠경향 (2021.11.30.)

900만 회를 서비스했다고 가정하면, 음저협 징수규정 제23조 제4항에 따라 스포티파이는 80,660,000원을 '이너차일드'에 대한 저작권사용료로 음저협에 납부해야 하는 것인데, 이는 곡당 단가 1.4원을 적용해서 산정한 일반적인 스트리밍의 저작권사용료 152,600,000원에 비해 크게 낮은 금액이다.

> 0.74원(곡당 단가) × 109,000,000회(이용 횟수) × 100%(A작가 지분율)
> = 80,660,000원

그러나 한국은 스포티파이의 정책상 Free요금제를 사용할 수도 없고, 1억900만 회의 서비스 대상 지역도 한국 내로 단정할 수 없으므로 앞의 산정결과는 단지 가정이라는 것을 다시 한번 밝힌다.

2. 복제사용료

복제사용료는 음악이 물리적으로 복제되었을 때 발생하는 사용료인데, 우리 주변에서 흔하게 접할 수 있는 복제물은 CD, DVD, USB를 이용한 음반이 있다. 그리고 노래반주기, 영화, 광고 등에 사용한 음악도 음저협 징수규정 제6장 복제 및 배포 사용료(제28조 내지 제37조)에서 규정하고 있는 복제사용료 징수 대상에 포함된다.

음저협 매체별 연간 징수금액(5개년)   단위: 억원

매체	2017년	2018년	2019년	2020년	2021년
방송사용료	442.0	456.0	389.6	427.3	419.6
전송사용료	554.2	671.1	863.0	1,097.7	1,362.6
복제사용료	248.5	339.6	352.2	479.0	656.0
공연사용료	438.3	461.4	458.5	322.7	257.6
외국사용료	80.6	100.0	134.0	151.4	180.0
기타수입	4.9	6.0	10.9	9.2	9.8
합계	1,768.5	2,034.1	2,208.2	2,487.3	2,885.6

5개년 복제사용료 징수금액 단위: 억원

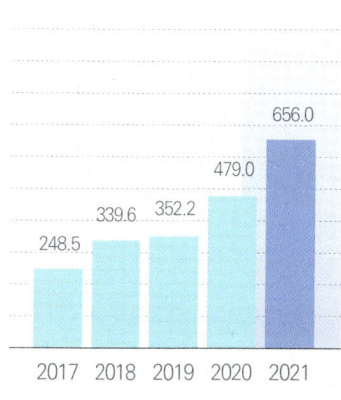

2021년 음저협 징수금액 단위: 억원

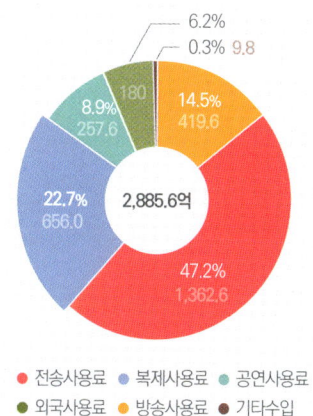

저작권법 제2조(정의)

5. "음반"은 음(음성·음향을 말한다. 이하 같다)이 유형물에 고정된 것(음을 디지털화한 것을 포함한다)을 말한다. 다만, 음이 영상과 함께 고정된 것을 제외한다.

〈중간생략〉

22. "복제"는 인쇄·사진촬영·복사·녹음·녹화 그 밖의 방법으로 일시적 또는 영구적으로 유형물에 고정하거나 다시 제작하는 것을 말하며, 건축물의 경우에는 그 건축을 위한 모형 또는 설계도서에 따라 이를 시공하는 것을 포함한다.

23. "배포"는 저작물등의 원본 또는 그 복제물을 공중에게 대가를 받거나 받지 아니하고 양도 또는 대여하는 것을 말한다.

(1) CD

우리는 어떤 가수의 노래를 듣고 싶을 때 인터넷에서 전송서비스(스트리밍, 다운로드)를 이용하거나 음반을 구매한다. 요즘에는 TAPE에 대한 수요가 거의 없어서 가수들 또한 대부분 전송서비스와 CD형태로 음반을 발매한다.

디지털 싱글 앨범*으로만 음반을 발매하는 경우도 있으나 만약 CD 음반을 제작·발매한다면 해당 음반에 대한 저작권사용료는 음저협 징수규정 제28조(음반)를 적용한다.

징수규정 제28조(음반)

① 상업용 음반의 복제 및 배포 사용료는 다음과 같다.
  1. 곡당 사용료[출고가×9%(음악사용료율)÷수록곡수] × 관리곡수 × 지분율 × 제작수량 × 할인율
  2. 제1호에도 불구하고 곡당 사용료가 다음의 하한가 미만일 경우, 동 금액으로 한다.

음반구분	하한가
CASSETTE TAPE	15원
CD, CD-ROM	20원

---

* 디지털 싱글 앨범(digital single album)은 온라인상에서 디지털 파일의 형태로만 음원을 판매하는 싱글 앨범을 의미한다.

비고1) 출고가란 음반 제작 후, 유통사에서 도·소매점으로 출고되는 가격을 말하며, 출고가가 명확하지 않은 경우에는 소비자가격의 60/100을 출고가로 간주한다.

* 소비자가격이란 "유통산업발전법 시행령" 제3조*의 대규모 점포 중 각기 다른 3곳의 장소에서 구입한 당해 음반의 평균가격을 말한다.

이 규정에 의해 징수되는 복제사용료를 아래의 BTS음반을 예로 계산해보자.

2022년 6월 22일에 출시된 BTS의 앨범 "PROOF"의 할인전 소비자가는 24,000원이며 3개의 디스크에 총 48곡이 수록되어 있다. 그런데 이 앨범의 출고가는 공개되어 있지 않기 때문에 우리는 음저협 징수규정 제28조 제1항 비고1)에 의거해 소비자가의 60%를 출고가로 간주한다.

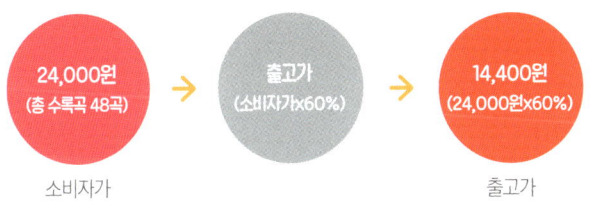

* 유동신업발전법 시행령[시행 2021. 4. 8.] [대통령령 제31611호, 2021. 4. 6., 타법개정]
  제3조(대규모점포의 요건 등) ① 삭제 〈2013. 4. 22.〉
  ② 법 제2조제3호가목에서 "대통령령으로 정하는 둘 이상의 연접되어 있는 건물"이란 건물 간의 가장 가까운 거리가 50미터 이내이고 소비자가 통행할 수 있는 지하도 또는 지상통로가 설치되어 있어 하나의 대규모점포로 기능할 수 있는 것을 말한다.
  ③ 법 제2조제3호다목의 매장면적 산정(算定) 시 「집합건물의 소유 및 관리에 관한 법률」이 적용되는 건물 내의 매장과 바로 접한 공유부분인 복도가 있는 경우에는 그 복도의 면적을 포함한다.
** 앨범명: PROOF[COMPACT EDITION], 아티스트: BTS(방탄소년단), 제작사: YG PLUS, 출시일: 2022년 6월 22일 〈앨범 정보 출처: 교보핫트랙스〉

소비자가 24,000원인 CD의 출고가 14,400원을 적용하여 곡당 사용료를 구하면 27원이 된다.

> 곡당 사용료 = 출고가 14,400원 × 음악사용료율 9% ÷ 수록곡수 48곡 = 27원

이제 위 앨범에 수록된 48곡이 모두 음저협의 관리저작물이라면 해당 음반을 50,000장 제작하기로 했을 경우, 이 음반의 제작으로 발생하는 저작권사용료는 64,800,000원이다.

> 복제사용료 = 곡당 사용료 × 관리곡수 × 지분율 × 제작수량 × 할인율*

> 27원 × 48곡 × 100% × 50,000장 = 64,800,000원

이렇게 계산된 저작권료를 음반의 제작 또는 기획사(사용자)가 납부하면 음저협은 48곡의 저작자들에게 각각의 지분에 따라 사용료를 분배한다.

이 앨범에 A작가가 100%의 저작권을 가지고 있는 저작물 2곡이 수록되어 있다면, 해당 앨범 50,000장의 제작으로 A작가가 분배받**

---

* 할인율은 제작·판매 과정에서 예상되는 반품·재고·폐기 등을 감안하여 할인하는 비율로 음저협과 제작자가 상호 협의하여 정하는데(징수규정 제28조 제1항 비고2), 여기에서는 할인율이 명확하지 않은 관계로 적용하지 않는다.(이후 산정식에 '할인율'이 반영되어야 할 경우 모두 동일하다.)
** 참고로 해당 음반은 발매 후 약 1주일만에 275만장이 팔렸다고 한다.〈출처: "방탄소년단 새 앨범, 일주일만에 275만장 팔렸다…올해 국내 앨범 판매량 1위", 강선애 기자, SBS연예뉴스(2022.6.17.)〉

게 되는 저작권료는 2,700,000원이다.

> 1곡당 복제사용료 = 총 저작권료 64,800,000원 ÷ 관리곡수 48곡 = 1,350,000원
>
> 작가별 저작권료 = 1곡당 복제사용료 × 보유저작물 수 × 보유지분
>
> A작가 저작권료 = 1,350,000원 × 2곡 × 100% = 2,700,000원

그런데 만약 해당 앨범에 수록된 총곡수가 48곡이 아닌 70곡이라고 가정한다면, 곡당 사용료는 약 18원이 된다. 이는 규정 제28조 제1항 제2호에서 명시하고 있는 CD의 하한가 20원보다 적은 금액으로 곡당 사용료는 18원이 아닌 20원으로 조정하여 적용한다.

> 곡당 사용료 = 출고가 14,400원 × 음악사용료율 9% ÷ 수록곡수 70곡 ≒ 18원

음반구분	하한가
CASSETTE TAPE	15원
CD, CD-ROM	**20원**

> 곡당하한가 20원 × 관리곡수 48곡 × 제작수량 50,000 = 24,000,000원

  해당 금액은 A작가의 곡에 대해 발생한 저작권사용료로, A작가에게 분배시에는 음저협의 관리수수료를 공제한 금액이 지급된다.(이하 동일)

(2) DVD*

DVD는 주로 뮤직비디오 또는 공연 실황을 발매할 때 CD와 유사한 형태로 제작하여 발매한다.

> **징수규정 제29조(뮤직비디오 등 영상물)**
>
> ① 음악저작물이 주된 목적으로 사용되는 영상물(뮤직비디오, 공연실황 등)의 복제 및 배포 사용료는 다음과 같다.
>
> 1. 곡당 사용료[출고가×7%(음악사용료율)÷수록곡수]×관리곡수×지분율×제작수량×할인율
> 2. 제1호에도 불구하고 곡당 사용료가 다음의 하한가 미만일 경우에는 동 금액으로 한다.
>
> | 매체구분 | 하한가 |
> |---|---|
> | V-CD | 38.5원 |
> | V-TAPE | 46.2원 |
> | DVD | 55원 |

CD와 달리 DVD는 저작권사용료율을 출고가의 7%로 규정하고 있으며, 곡당 사용료가 55원에 미치지 못할 경우, 하한가 55원을 적용한다.

---

* DVD는 CD에서 더 발전한 저장매체로 Digital Video Disc의 준말로 알려져 있었지만, DVD포럼(DVD Forum: DVD 규격의 보급촉직 및 새로운 규격의 책정을 주요한 목적으로 하는 조직)에서는 'Digital Versatile Disc(디지털 다기능 디스크)'를 뜻한다고 정의한다. 〈출처: 위키백과〉

다음의 DVD에는 총 22곡이 수록되어 있어 판매가의 60%를 출고가로 간주하고 곡당 사용료를 계산하면 약 24원으로 규정 제2호에서 정하고 있는 DVD 하한가 55원보다 낮은 금액이다.

따라서 해당 앨범의 곡당 사용료는 24원이 아닌 제29조 제1항 제2호에서 정하고 있는 **DVD의 곡당 하한가 55원을 적용하게 되며 수록된 22곡이 모두 음저협의 관리곡이고 제작 수량이 50,000장일 경우, 총 저작권사용료는 60,500,000원**이 된다.

매체구분	하한가
V-CD	38.5원
V-TAPE	46.2원
DVD	55원

곡당하한가 55원
× 관리곡수 22곡
× 제작수량 50,000
= 60,500,000원

* 앨범명: 송가인 미스트롯 라이브콘서트 DVD, 아티스트: 송가인, 김소유, 홍자, 정미애 등, 제작사: 거성레코드, 출시일: 2019년 10월 25일 〈앨범 정보 출처: YES24.COM〉

만약 이 DVD에 A작가의 음악저작물 1곡이 수록되어 있다면 해당 앨범으로 발생한 A작가의 저작권사용료는 2,750,000원이다.

1곡당 복제사용료 = 총 저작권료 60,500,000원 ÷ 관리곡수 22곡 = 2,750,000원

작가별 저작권료 = 1곡당 복제사용료 × 보유저작물 수 × 보유지분

A작가 저작권료 = 2,750,000원 × 1곡 × 100% = 2,750,000원

앞에서 살펴본 징수규정 제29조 제1항은 음악저작물이 주된 목적으로 사용되는 영상물의 복제 및 배포 사용료에 대한 산정 기준이며 부수적 이용 또는 비매용 제작 등에 대해서는 동조 제2항과 제3항에서 각각 규정하고 있다.

(3) USB

여기에서 USB란 우리가 고속도로휴게소나 인터넷 등에서 자주 볼 수 있는 제품으로 보통 USB 1개당 500곡 이상이 수록되어 있는데 가격은 30,000원에서 50,000원까지 다양하다. 이러한 USB의 저작권사용료 산정을 위해서는 음저협 징수규정 제32조(음악저장장치 부착 제품 등) 제3항을 적용한다.

징수규정 제32조(음악저장장치 부착 제품 등)

③ MP3플레이어 등 멀티미디어 기기에 음악저작물 및 음악영상물을 복제하여 배포할 경우, 사용료는 다음과 같다.

곡당 사용료 × 관리곡수 × 지분율 × 제작수량 × 할인율

구분	곡당 사용료
음악저작물	15.4원
음악영상물	38.5원

그러므로 이 경우에는 출고가나 판매가와 상관없이 음악저작물은 곡당 사용료가 15.4원이며, 뮤직비디오와 같은 영상물이 들어있다면 곡당 38.5원이 적용된다. 음악저작물만 들어있는 500곡짜리 USB에 모든 저작물이 음저협에서 관리하는 저작물이라고 하면, USB 1개당 저작권사용료는 7,700원이며 이를 10,000개 제작할 경우, 저작권사용료는 77,000,000원이다.

USB 1개 복제사용료 = 15.4원 × 500곡 × 100% = 7,700원

총 저작권료 = 7,700원 × 제작수량 10,000 = 77,000,000원

    A작가가 100%의 지분을 가지고 있는 저작물 1곡이 USB에 수록되어 있다면 10,000개의 USB 제작으로 A작가의 저작물에 발생되는 저작권사용료는 77,000,000원의 1/500인 154,000원으로 산정된다.

복제사용료/1곡 = 총 저작권료 77,000,000원 ÷ 관리곡수 500곡 = 154,000원

작가별 저작권료 = 1곡당 복제사용료 × 보유저작물 수 × 보유지분

A작가 저작권료 = 154,000원 × 1곡 × 100% = 154,000원

    위와 같이 징수규정 제32조 제3항은 음악저장장치 부착 제품 중 가장 많은 부분을 차지하는 MP3플레이어 등 멀티미디어 기기 즉 USB와 같은 장치에 음악저작물을 복제·배포하는 경우의 저작권사용료에 관한 기준이다. 그 외에도 완구, 오르골, 휴대폰 등 음악저장장치 부착 제품은 다양하며 이와 관련하여 제32조 제1항과 제2항에서 각각 규정하고 있다.

(4) 노래반주기

노래반주기는 유흥주점과 단란주점, 그리고 노래연습장(코인노래방 포함) 등에서 흔히 볼 수 있는 TJ미디어와 금영엔터테인먼트의 반주기를 의미하며 이 두 회사의 노래반주기가 시장의 주류를 이룬다. 그러므로 노래반주기 제작에 음악저작물을 사용하고 이에 대해 저작권사용료를 납부하는 것 또한 대부분 TJ미디어와 금영엔터테인먼트라고 볼 수 있다.

이와 같이 노래반주기 제작을 위한 음악저작물의 저작권사용료에 대해서는 음저협 징수규정 제33조(노래반주기) 제1항 제1호를 적용한다.

징수규정 제33조(노래반주기)

① 영업용 노래반주기

노래연습장이나 유흥주점 등 상업적인 장소에 배포할 목적으로 만들어진 노래반주기 및 그 저장매체에 대한 음악저작물의 사용료는 제1호와 제2호를 합한 금액으로 한다.

1. 신곡 사용료

   곡당 사용료[신곡 출고가 × 9%(음악사용료율) ÷ 수록곡수] × 관리곡수 × 지분율 × 판매수량

   다만, 곡당 단가가 5원 미만일 경우에는 동 금액으로 한다.

   비고1) 신곡 사용료란 정산 대상 기간 동안 해당 노래반주기 및 저장매체에 추가된 음악저작물에 대한 사용료를 말한다. 제2항 제1호 및 제3항 제1호도 이와 같다.

노래반주기 곡당 사용료는 CD의 복제사용료와 마찬가지로 출고가에 9%의 음악사용료율을 적용하는데, 곡당 하한가는 CD와 달리 5원을 적용한다.

2022년 3월 14일에 발표한 TJ미디어의 기업보고서*에 따르면 TJ미디어는 국내 기준 매월 200여곡 이상의 신곡을 제작하고 있고, 업소용 반주기의 신곡 출고가는 1개월 기준 9,000원(부가세별도)이다.

TJ미디어 사업보고서(일부)

음악콘텐츠는 노래반주기에 들어가는 반주 음악을 말하며, 노래반주기의 가장 핵심적인 구성 요소입니다. 반주기를 구매하면 기본적으로 곡이 내장되어 있긴 하나, 구매 시점 이후에 나오는 신곡은 별도로 업데이트를 받아야 합니다. **당사는 매월 200여곡 이상의 신곡을 제작**하고 있으며(국내 기준), 이렇게 제작된 신곡 콘텐츠를 일정 비용을 받고 가정용 반주기 혹은 업소용 반주기 구매 고객에게 판매하고 있습니다.

〈중간생략〉

가정용 반주기는 신곡 판매 비중이 높지 않으나, 업소용 반주기는 거의 대부분 매월 신곡을 업데이트하고 있습니다. 현재 당사의 **업소용 반주기 신곡 출고가는 1개월 기준 9천원(부가세 별도)**입니다.

〈이하생략〉

---

* [TJ미디어] 사업보고서(일반법인) (2022.3.14.) Ⅱ. 사업의 내용 > 7. 기타 참고사항 > 나. 사업부문별 현황 > (2)반주기 음악콘텐츠 부문 〈출처: 기업공시채널 KIND〉

이를 근거로 산정한 곡단가는 4.05원이며 이는 제33조 제1항 1호의 단서에서 정하고 있는 하한가인 5원 미만이다. 따라서, 곡당 사용료는 4.05원이 아닌 하한가 5원을 적용하도록 한다.

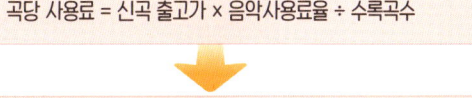

9,000원 × 9% ÷ 200 = 4.05원 → 5원

저작권사용료의 산정을 위해서는 신곡이 적용되는 노래반주기의 제작 수량을 알아야 하는데, 지방행정 인허가 데이터(LOCALDATA, 로컬데이터)*에 의하면 2022년 12월 31일을 기준으로 전국에 영

---

* 행정안전부 지방행정 인허가 데이터 LOCALDATA
  - 문화 > 노래방: 반주에 맞추어 노래를 부를 수 있는 반주장치 등의 시설을 갖추어 제공하는 업소
  - 식품 > 유흥주점: 스텐드바, 룸살롱, 노래클럽 등 주로 주류와 함께 음식류를 조리 및 판매하는 곳으로 유흥 종사자를 두거나 유흥시설을 설치하여 운영하는 업소
  - 식품 > 단란주점: 주로 주류와 함께 음식류를 조리 및 판매하는 곳으로 손님이 노래를 부르는 행위가 허용되는 업소

업 중인 노래연습장은 29,158곳, 단란주점은 12,182곳, 유흥주점은 26,268곳이 있다. 그리고 유명 트로트 가수 20여명과 음저협 간의 소송* 진행 과정에서 2심 재판부가 "2017년 5월 기준 국내 노래반주기는 총 341,416대" 라고 명시**한 것을 참고하면 국내 유흥·단란주점 및 노래연습장에 설치된 노래반주기 수는 최소 약 340,000여대인 것으로 추정할 수 있다.

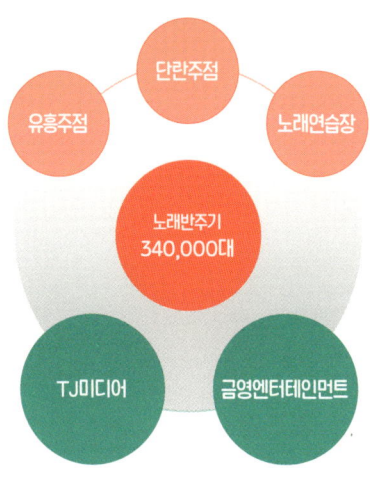

---

* 대법원 2022. 11. 17. 선고 2019다283725, 283732, 283749 판결.
** 서울고등법원 2019. 9. 26. 선고 2019나2016954, 2019나2016961(병합), 2019나2016978(병합) 판결에서 법원은 "2017년 5월 기준 국내 노래 반주기는 총 341,416대인데, 그중 온라인으로 로그데이터가 수집되는 반주기는 104,243대, 오프라인으로 로그데이터가 수집되는 반주기는 1,697대로서 로그데이터 수집비율은 약 31%에 불과한 반면, 약 69%에 달하는 235,476대의 노래 반주기는 로그데이터 수집을 위한 자료로 사용되지 못하고 있는 실정인바, 국내의 모든 노래 반주기에서 로그데이터를 수집하여 음악저작물의 실제 이용비율을 정확하게 파악하는 것은 시간과 비용 측면에서 현실적으로 어려움이 있어 보인다."고 지적한 바 있다.

이와 같이 총 340,000여대의 반주기 중 대부분이 TJ미디어와 금영엔터테인먼트의 반주기라고 가정한다면 한 기업당 약 150,000~170,000개의 반주기에 신곡을 공급하는 것으로 볼 수 있다.

이 내용을 종합하여 각 회사별로 매월 200곡씩 신곡을 새로 수록하는 반주기 150,000대의 제작 기준, 저작권사용료는 월별 1억5천만원이며 분기(3개월)당 4억5천만원, 연간 18억원이다.

총 저작권료 = 곡당 사용료 × 관리곡수 × 지분율 × 판매수량

5원 × 200곡 × 100% × 150,000대 = 150,000,000원

그러므로 **A작가가 100% 저작권을 보유한 음악저작물 1곡이 TJ미디어 반주기에 신곡으로 수록되어 판매되었다면 해당곡에 대한 노래반주기 복제로 발생한 저작권사용료는 750,000원이다.**

복제사용료/1곡 = 총 저작권료 150,000,000원 ÷ 관리곡수 200곡 = 750,000원

작가별 저작권료 = 1곡당 복제사용료 × 보유저작물 수 × 보유지분

A작가 저작권료 = 750,000원 × 1곡 × 100% = 750,000원

이렇게 신곡사용료를 납부한 곡을 반주기에 지속적으로 이용하는 경우 복제 및 배포수량에 제한없이 곡수에 따라 책정한 월정사용료*를 부과하게 되는데 이는 징수규정 제33조 제1항 제2호를 적용한다.

> **징수규정 제33조(노래반주기)**
>
> ① 영업용 노래반주기
>
> 노래연습장이나 유흥주점 등 상업적인 장소에 배포할 목적으로 만들어진 노래반주기 및 그 저장매체에 대한 음악저작물의 사용료는 제1호와 제2호를 합한 금액으로 한다.
>
> 〈중간생략〉
>
> 2. 노래반주기 등의 복제 및 배포를 위한 사용료
>   다음의 월정사용료에 지분율을 곱한 금액으로 한다.
>
> | 관리곡수 | 월정사용료 |
> |---|---|
> | 500곡까지 | 600,000원 |
> | 500곡 초과 1,000곡까지 | 1,200,000원 |
> | 1,000곡 초과 20,000곡까지 | 매 1,000곡당 각 1,200,000원씩 가산한 금액 |
> | 20,000곡 초과 시 | 매 2,000곡당 각 2,000,000원씩 가산한 금액 |
>
> 비고1) 월정 사용료란 제1항에 따라 신곡사용료를 납부한 곡을 계속적으로 추가 이용하는 경우, **월단위로 복제 및 배포수량에 제한 없이 책정한 사용료를 말한다.** 제2항 제2호 및 제4항 제2호도 이와 같다.

---

* 신곡으로 한번 반주기에 수록된 곡은 특별한 사정이 없는한 계속해서 해당 반주기에 수록된 채로 남게 된다.

예를 들어 TJ미디어의 반주기에 수록된 곡수가 총 20,000곡이고 모두 음저협의 관리곡일 경우, TJ미디어는 20,000곡에 대해 매월 24,000,000원의 저작권사용료를 납부한다.

관리곡수	월정사용료
500곡까지	600,000원
500곡 초과 1,000곡까지	1,200,000원
1,000곡 초과 20,000곡까지	매 1,000곡당 각 1,200,000원씩 가산한 금액
20,000곡 초과 시	매 2,000곡당 각 2,000,000원씩 가산한 금액

관리곡수	월정사용료
1~1,000	1,200,000
1,001~2,000	1,200,000
2,001~3,000	1,200,000
18,001~19,000	1,200,000
19,001~20,000	1,200,000

따라서 TJ미디어의 영업용 노래반주기에 음악저작물 20,000곡을 수록하는 것에 대한 저작권사용료는 24,000,000원이고, A작가의 음악저작물 1곡이 해당 반주기에 수록되어 있는 경우, A작가에게는 매월 1,200원씩의 저작권 수익이 발생한다.

월정사용료/1곡 = 총 월정사용료 24,000,000원 ÷ 관리곡수 20,000곡 = 1,200원

작가별 저작권료 = 1곡당 월정사용료 × 보유저작물 수 × 보유지분

A작가 저작권료 = 1,200원 × 1곡 × 100% = 1,200원/월

이렇게 발생한 월정사용료는 음악저작물 분배규정 제27조(복제사용료의 구분과 분배기 등)에 따라, 매년 11월(연1회)에 저작권자에게 분배한다.

분배규정 제27조(복제사용료의 구분과 분배기 등)

복제사용료의 구분, 분배기 및 분배대상저작물, 분배대상사용료는 아래와 같다.

복제사용료의 구분	분배대상 저작물	분배기	분배대상 사용료
복제사용료	이용자가 신청하고 협회가 승인한 저작물	2월	1월에 사용한 복제사용료
		3월	2월에 사용한 복제사용료
		4월	3월에 사용한 복제사용료
		5월	4월에 사용한 복제사용료
		6월	5월에 사용한 복제사용료
		7월	6월에 사용한 복제사용료
		8월	7월에 사용한 복제사용료
		9월	8월에 사용한 복제사용료
		10월	9월에 사용한 복제사용료
		11월	10월에 사용한 복제사용료
		12월	11월에 사용한 복제사용료
		1월	12월에 사용한 복제사용료

노래반주기 월정 사용료, 판매 사용료	정산기간 말일을 기준으로 해당업체 노래반주기에 수록되어 있고, 협회가 승인한 저작물	11월	전년도 4/4분기부터 당해년도 3/4분기까지 징수한 사용료

A작가 음악저작물 1곡이 계속 노래반주기에 수록된다면 해당 곡에 12개월간 발생하는 저작권사용료는 14,400원이며, 그 저작물이 TJ미디어와 금영엔터테인먼트 노래반주기 모두에 수록될 경우, A작가에게 발생하는 저작권사용료는 28,800원이다.

연간 A작가 월정사용료 = 월정사용료/1곡 × 12개월 × 2개 회사

A작가 저작권료 = 1,200원/1곡 × 12개월 × 2곳 = 28,800원/연

한편, 노래반주기 음악사용으로 인한 복제사용료는 징수규정 제33조 제1항에서 명시하고 있는 바와 같이 제1호의 신곡사용료와 제2호의 월정사용료를 합산한 금액으로 만약 A작가의 음악저작물이 노래반주기에 신곡으로 수록될 경우에 A작가는 해당 저작물에 대한 신곡사용료와 그 이후의 월정사용료를 분배받게 된다.

(5) 영화

우리가 영화를 보면서 듣는 배경음악 또한 음(音)을 이용하여 인간의 사상과 감정을 표현한 음악저작물에 해당한다. 영화에는 여러 음악저작물이 사용되고 그렇게 사용된 음악은 영화 자체의 영상에서뿐만 아니라 영화의 흥행을 위한 여러 활동과 제품 제작(영화 홍보 자료 및 OST 앨범 제작 등)에도 이용된다.

이때 복제·배포·공연과 같은 여러 방법으로 이용되는 음악저작물에 대해서는 음저협의 징수규정 제34조(영화 사용료) 제1항에서 규정하는 바와 같이, 저작물의 이용을 일괄적으로 허락하는 것이 통상적이다. 그러나 영화제 출품 등의 경우, 복제와 공연 등을 별도로 허락하기도 하는데 이와 관련해서는 동조 제2항의 규정을 적용한다.

> **징수규정 제34조(영화 사용료)**
>
> ① 영화에 음악저작물을 이용함에 있어서 복제·배포·공연 등을 일괄적으로 허락하는 경우의 곡당 사용료는 다음과 같다.
> [300만원 + (스크린당 곡단가 × 개봉 첫날 스크린 수)] × 지분율
> 비고1) 스크린당 곡단가는 13,500원으로 한다.
> 비고2) 개봉 첫날 스크린 수는 영화진흥위원회 극장 입장권전산망 집계를 기준으로 한다.
> 비고3) 순제작비 10억 미만 영화의 경우, 위 기준에 의하여 산출된 사용료의 1/10로 한다.
> 비고4) 저작인격권과 관련된 사항에 대하여는 저작자와 협의하여 정한다.

② 영화에 음악저작물을 이용함에 있어서 복제와 공연 등을 별도로 허락하기로 특약이 있는 경우 곡당 복제사용료는 아래 표의 금액에 지분율을 곱한 금액으로 산정한다.

사용량에 따른 구분	5초 이상 1분 미만	1분 이상 5분 미만	5분 이상
영화제 출품	4만원	8만원	12만원

2018년 누적관객수 1,200만명을 돌파한 〈신과함께: 인과연〉을 예로 음악저작권사용료를 알아보도록 하자.

신과함께-인과연*	
개봉일	2018년 8월 1일
최대 상영점유율	59.0%
개봉1주 평균 상영점유율	57.1%
관객 수(명)	12,274,996
매출액(원)	102,666,146,909
제작사	리얼라이즈픽쳐스㈜, ㈜덱스터스튜디오
배급사	롯데컬처웍스㈜롯데엔터테인먼트

〈신과함께-인과 연〉은 1227만 명의 관객 수를 기록해 〈택시운전사〉를 누르고 2018년 기준 역대 전체영화 박스오피스 12위에 등극했다. 전작인 〈신과함께-죄와 벌〉도 1441만 명의 관객을 기록해 '신과함께' 시리즈는 한국 시리즈영화 사상 최초로 쌍천만 흥행을 기록했다.

* 「2018년 한국 영화산업 결산」, 영화진흥위원회(2019.)

> 〈중간생략〉
>
> 한국영화 〈신과함께-인과 연〉은 2017년 12월에 개봉한 전편 〈신과함께-죄와 벌〉의 인지도를 이어서 개봉일 상영점유율 53.3%로 시작해서 개봉 4일 만에 59%로 올라갔으며, 전체 관객 12,274,996명을 동원하여 매출액 점유율 5.7%로 2018년 흥행 1위를 기록했다

여기서 해당 영화의 개봉 첫날 스크린수는 징수규정 제34조 제1항 비고2)에서 명시하는 바와 같이, 영화진흥위원회에서 운영하는 영화관입장권통합전산망(KOBIS)*의 집계를 활용한다. 참고로 영화의 개봉일은 앞의 통합전산망(KOBIS)에서 검색이 가능하며 그 외에도 우리가 많이 쓰는 검색 포털 사이트에서 해당 영화명으로 검색할 경우, 개봉일과 배급사 등 관련 정보를 확인할 수 있다.

---

* 영화관입장권통합전산망(KOBIS: Korea Box-office Information System)은 한국영화산업 유통구조의 투명성 제고를 위해 〈영화 및 비디오물의 진흥에 관한 법률 제39조〉, 동법 〈시행령 제18조〉 및 〈시행규칙 제12조〉에 근거하여 전국영화관 입장권 발권정보를 실시간으로 집계처리하는 시스템(서비스 플랫폼)이다. 〈출처: 영화관입장권통합전산망〉

〈신과함께: 인과연〉의 개봉일은 2018년 8월 1일이며 개봉 첫날 스크린수는 총 1,967개이다.

KOBIS > 공식통계 > 개봉일람 > 연도별 > 조회기간 2018 입력 > 영화명 신과함께 입력

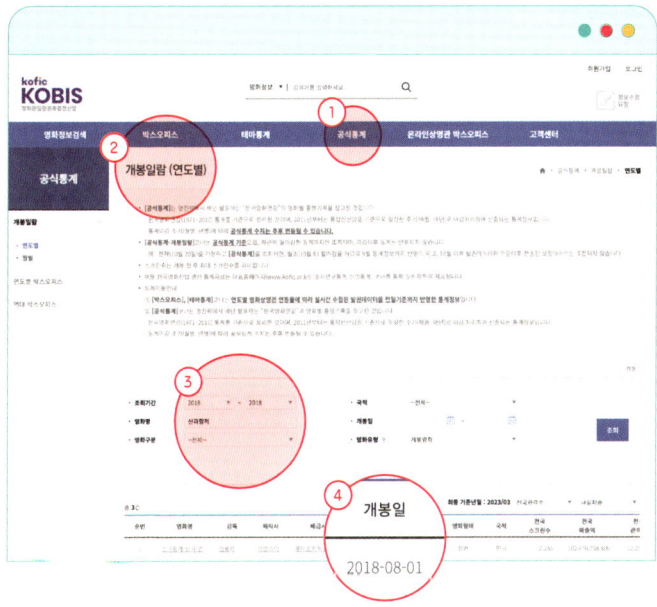

> 참고 개봉첫날 스크린수 확인방법

KOBIS ▶ 박스오피스 ▶ 스크린점유율 ▶ 일별 ▶ 조회기간 2018-08-01(개봉일) 입력

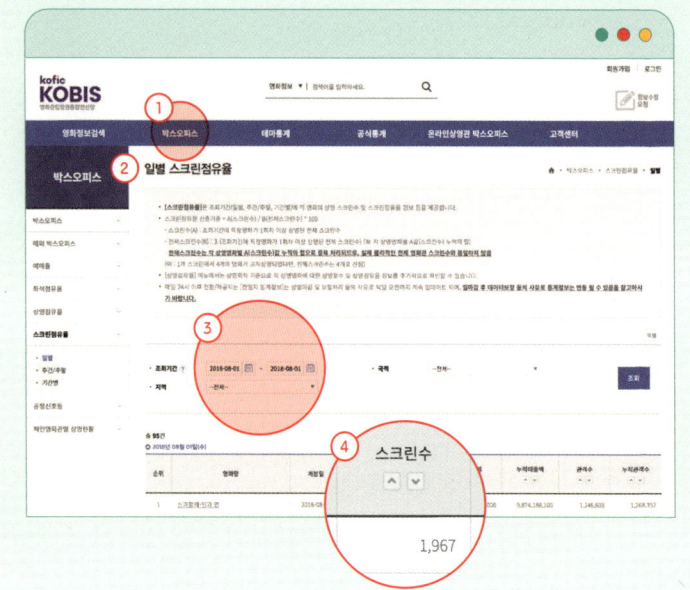

따라서 〈신과함께: 인과연〉에서 **A작가의 지분이 100%인 음악저작물을 이용함에 있어 징수규정 제34조 제1항과 같이 복제·배포·공연 등을 일괄적으로 허락하였다면 해당 이용으로 A작가에게 발생하는 저작권사용료는 1곡당 29,554,500원으로 산출된다.**

곡당 사용료 = [300만원 + (스크린당 곡단가 × 개봉 첫날 스크린 수)] × 지분율

[3,000,000원 + (13,500원 × 1,967개)] × 100% = 29,554,500원

64 돈으로 말하는 음악 저작권

이는 영화의 순제작비가 10억 이상일 경우에 한하며, **만약 순제작비가 10억 미만이라면 징수규정 제34조 제1항 비고3)의 기준에 따라 저작권사용료는 앞에서 산출된 사용료 29,554,500원의 10%인 2,955,450원이다.**

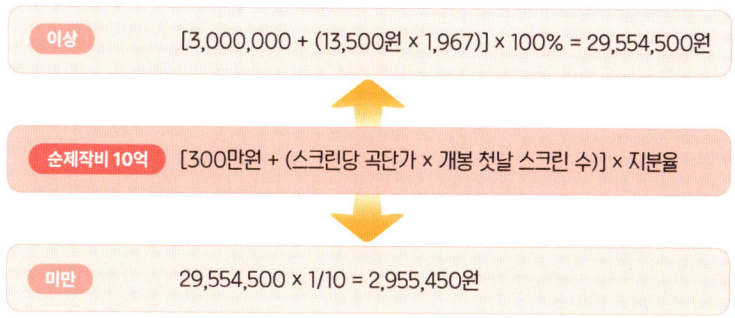

위 사용료는 영화에 음악저작물을 이용함에 있어 해당 음악저작물을 복제·배포·공연할 수 있는 저작재산권에 관한 것으로 저작권법 제11조 내지 제13조에서 정하고 있는 저작인격권(공표권, 성명표시권, 동일성유지권)은 여전히 저작자에게 귀속된다. 그러므로 저작인격권과 관련한 비용에 있어서는 음저협이 아닌 작가와 영화 제작 혹은 배급사 등 당사자간의 계약에 의해 진행된다. 저작인격권료의 경우 기준금액이 별도로 마련되어 있지 않기 때문에 작가와 저작물 등에 따라 무료에서 저작재산권 사용료 이상의 비용까지 해당 비용에 격차가 발생할 수밖에 없다.*

---

* 영화에서의 음악저작물 사용뿐만 아니라 그 외 다른 이용에 있어서도 저작인격권에 관한 사항은 동일하게 저작자의 일신에 전속한다.

저작권법

제2조(정의)

26. **"저작권신탁관리업"은 저작재산권자**, 배타적발행권자, 출판권자, 저작인접권자 또는 데이터베이스제작자의 권리를 가진 자를 위하여 그 권리를 신탁받아 이를 지속적으로 관리하는 업을 말하며, 저작물등의 이용과 관련하여 포괄적으로 대리하는 경우를 포함한다.

〈중간생략〉

제14조(저작인격권의 일신전속성)
①**저작인격권은 저작자 일신에 전속한다.**

저작재산권과 저작인격권

현행 저작권법은 제10조 제1항에서 "저작자는 제11조 내지 제13조의 규정에 따른 권리(이하 "저작인격권"이라 한다)와 제16조 내지 제22조의 규정에 따른 권리(이하 "저작재산권"이라 한다)를 가진다"라고 저작인격권과 저작재산권을 구분하고 있다.

그 세부적인 내용에 대해서도 저작인격권은 제3절에서 저작재산권은 제4절에서 각각 다른 절(節)에서 규정하고 있으며 그중 저작인격권에 대해서는 제14조 제1항을 통해 "저작인격권은 저작자 일신에 전속한다"라고 명시하여 타인에게 양도 또는 상속할 수 없음을 규정하고 있다.

그러므로 **저작권법 제105조에 근거하여 설립·운영하는 음저협이 저작자의 권리를 신탁받아 이를 관리하거나 이용과 관련한 업무를 대리하는 것은 저작자의 재산적인 권리에 한하며, 저작자의 정신적·인격적인 권리인 저작인격권은 해당되지 않는다.**

음저협에 저작재산권을 신탁한 저작자의 저작재산권에 있어서도 당사자 간 계약에 의해 저작권의 양도 및 이용허락이 있는 것으로 볼 수 있는 경우가 있다. 이와 관련하여 법원은 "해당 영화들의 영화제작자는 '음악감독'과 사이에, 음악감독은 영화에 사용되는 음악을 직접 제작하여 영화제작자에게 그 저작권을 양도하거나 이용허락을 하고, 직접 제작하지 아니한 음악에 대하여는 이용권한을 획득하는 등의 용역업무를 포괄적으로 수행하고, 영화제작자는 그에 대한 보수를 지급하는 내용의 음악감독계약을 체결한 사실에 근거하여, 이 사건 창작곡이 해당 영화에 사용될 목적으로 영화제작자 또는 음악감독 등의 위탁 및 보수 지급에 따라 새롭게 창작되었다는 그 본질적 특성에 비추어 볼 때 적어도 해당 영화에 이 사건 창작곡을 이용하는 데 대한 음악저작자의 허락은 있는 것으로 보아야 한다"고 판시한 바 있다.[*]

이러한 판결에 따를 경우 A작가가 음저협에 가입했더라도 영화를 위해 새롭게 음악을 창작하면서 영화제작사에 저작권을 양도하거나 이용허락을 했다면 음저협이 해당 음악에 대한 저작권사용료를 징수하는 것은 어려울 수 있다. 이러한 이유로 저작권사용료 징수의 사각지대가 발생할 우려도 있기 때문에 만약 저작자가 영화에

---

[*] 대법원 2016.1.14. 선고 2014다202110 판결.(원심: 서울중앙지방법원 2013.5.23. 선고 2012가합512054, 서울고등법원 2013.12.19. 선고 2013나2010916 판결) 본 판결은 영상저작물에 관한 특례 규정인 제99조(저작물의 영상화) 제1항과 저작권의 등록 및 인증 규정 중 제54조(권리변동 등의 등록·효력) 제1호 등에 관한 판례로 자세한 내용은 별도로 첨부한다.

서의 음악저작물 사용에 있어 영화제작사와 직접 계약을 체결할 경우에는 계약사항 및 권리 관계 등에 관하여 사전에 면밀히 검토해야 할 것이다.

> **판례** 서울중앙지방법원 2013.5.23. 선고 2012가합512054 판결
>
> 본 사건은 영화 상영시 영화에 사용된 주제곡이나 배경음악 등의 음악저작물에 대하여 저작물의 영상화를 허락한 저작재산권자(한국음악저작권협회)가 2010.10.경부터 사용된 새로운 사용신청서 양식의 내용과 2012.2.15.자로 변경된 현행 징수규정 제34조(영화 사용료) 제3항을 근거로 별도의 공연사용료를 청구한 사건이다.
>
> ### 사건의 배경
>
> - 원고(한국음악저작권협회)가 종전에 사용하던 사용신청서 양식에는 〈중간생략〉 사용료 산정란에 저작권 사용료 징수규68정 제34조를 근거로 **"영화관 등에서 상영을 목적으로 하는 영상물의 복제사용료는 사용자와 협의하여 정한다."** 라고 기재되어 있었으며, 사용조건란에 **"본 사용신청은 사용자의 저작권료 납입 시 계약이 성립하며,** 사용료 미납 시 저작권법 제136조(권리의 침해죄)에 의거 형사상의 책임을 져야 합니다." 라고 기재되어 있었다.
>
> - 그 후, 원고는 영화제작자들로 하여금 2010.10.경부터 새로운 사용신청서 양식을 사용하게 하였는데, 새 사용신청서 양식은 종전의 것과 그 내용이 거의 같았지만, 사용조건란에 **"상영(방송)목적 최초복제 및 2차적 이용을 위한 최초복제에 한하여 승인함. 공연권, 복제권(DVD 등 2차 복제) 및 공중송신권 등은 별도의 규정(일부 사용신청서 양식에는 '별도의 규정' 대신 '저작권법'으로 되어 있다)에 따라 처리하여야 함."** 이라는 문구가 추가되었다.
>
> - 영화의 음악저작권사용료와 관련해, 음저협은 당시 저작권법 제105조(저작권위탁관리업의 허가 등) 제5항(현행 저작권법 동조 제9항)에 의해 저작물 이용자로부터 받는 사용료의 요율 또는 금액, 즉 징수규정을 정하고 있었는데, 해당 징수규정 내에 '영화에 음악저작물을 이용하는 경우'에 대한 별도의 규정은 두고 있지 않았다.

- 2012.3.15.자로 저작권사용료 징수규정이 변경되면서 제34조에 '영화 및 비디오 등 영상물'에 대한 내용을 명시함에 따라 본 사건의 쟁점이 된 제34조 제3항 **"제2항의 특약이 있는 경우 사용자는 복제사용료와 별도로 영화상영이 종료된 후에 협회가 관리하는 곡에 대하여 다음과 같이 곡당 공연사용료를 정산하여 납부한다."**는 내용이 추가되었다.

이에 법원은 원고(한국음악저작권협회)는 영화제작자들로부터 일정한 사용료를 지급받는 조건으로 음악저작물을 영화에 이용하는 것에 허락하였고, 해당 허락에는 음악저작물을 복제하는 것뿐만 아니라 이를 공연하는 것도 포함되어 있다 할 것인바, 만일 저작권법 제99조(저작물의 영상화) 제1항에 의하여 음악저작물의 공연을 허락한다고 하면서도 그에 대하여 별도의 사용료를 다시 지급해야 한다면 사용료의 액수에 따라 사실상 영화의 상영(음악저작물의 공연)이 불가능할 수도 있는데, 이는 저작권법 제99조 제1항과 같은 영상저작물의 특례규정의 입법취지를 몰각시키는 것이라는 이유로 원고의 주장을 배척하였다.

이후 항소심*에서 원고는 피고가 상영한 영화 36편 중 28편에는 원고로부터 복제 허락을 받지 않은 음악저작물이 포함되어 있어 복제 허락도 없는 음악저작물에 대해서는 저작권법 제99조 제1항에 따라 공개상영의 허락을 추정할 여지도 없으므로 위 저작물에 대해 저작재산권 침해가 발생한다고 주장하였다.

추가 판단사항

- 법원은 원고(한국음악저작권협회) 저작권신탁계약약관(2009.3.18. 변경된 것) 제3조 제1항에서 규정하고 있는 **'위탁자(저작자)는 현재 소유하고 있는 저작권 및 장차 취득하게 되는 저작권을 신탁재산으로 수탁자(원고)에게 저작권을 이전하고'**라고 되어 있는 사실을 인정할 수 있으므로,

---

* 서울고등법원 2013.12.19. 선고 2013나2010916 판결

원고에게 저작권을 위탁한 저작자가 창작한 이 사건 창작곡의 저작권은 위 약관에 따라 원고에게 이전된다고 보았다. 그러므로 기존 창작되어 위탁한 저작물뿐만 아니라 영화를 위해 새롭게 창착한 저작물 또한 원고에게 이전되는 것이 옳다.

- 그러나 저작재산권의 양도 또는 처분제한은 등록하지 아니하면 제3자에게 대항할 수 없는데(저작권법 제54조 제1호)*, **원고는 '28편 영화에는 해당 영화를 위해 새롭게 창작된 곡으로 복제 허락을 받지 않은 음악저작물'이라고 함으로써 이 사건 창작곡에 대한 저작권신탁을 등록하지 아니한 사실을 자인하고 있다.**

- 그렇다면 이 사건 창작곡의 저작자들로부터 그에 관한 저작재산권을 양도받거나 이용허락을 받은 **영화제작자들은 저작재산권의 양도에 관하여 수탁인인 원고의 지위와 양립할 수 없는 법률상 지위를 취득한 자들**로서 저작재산권의 양도에 관한 등록의 흠결을 주장함에 정당한 이익을 가진다고 할 것이어서, 저작권법 제54조에서 말하는 제3자에 해당하므로, **원고는 위 영화제작자들로부터 영화를 공급받아 상영한 피고에 대하여 이 사건 창작곡의 저작재산권 신탁에 따른 양도로써 대항할 수 없다.**

법원은 해당 영화들의 영화제작자는 '음악감독'과 사이에, 음악감독은 영화에 사용되는 음악을 직접 제작하여 영화제작자에게 그 저작권을 양도하거나 이용허락을 하고, 직접 제작하지 아니한 음악에 대하여는 이용권한을 획득하는 등의 용역업무를 포괄적으로 수행하고, 영화제작자는 그에 대한 보수를 지급하는 내용의 음악감독계약을 체결한 사실에 근거하여, **이 사건 창작곡이 해당 영화에 사용될 목적으로 영화제작자 또는 음악감독 등의 위탁 및 보수 지급에 따라 새롭게 창작되었다는 그 본질적 특성에 비추어 볼 때 적어도 해당 영화에 이 사건 창작곡을 이용하는 데 대한 음악저작자의 허락은 있는 것으로 보아야 한다**고 판단하였다.

---

* 저작권법 제54조(권리변동 등의 등록·효력) 다음 각 호의 사항은 이를 등록할 수 있으며, 등록하지 아니하면 제3자에게 대항할 수 없다.
  1. 저작재산권의 양도(상속 그 밖의 일반승계의 경우를 제외한다) 또는 처분제한

이와 같이 법원은 "영상저작물의 제작에 관계된 사람들의 권리관계를 적절히 규율하여 영상저작물의 원활한 이용과 유통을 도모하고자 하는 저작권법 제99조 제1항의 취지와 규정 내용 등에 비추어 보면, 여기서 말하는 '영상화'에는 영화의 주제곡이나 배경음악과 같이 음악저작물을 특별한 변형 없이 사용하는 것도 포함되는 것"으로 판단하였다.

이는 만약 해당 조항을 2차적 저작물을 작성하는 것으로 제한하여 해석할 경우 영화의 제작단계에서 저작권자들로부터 이용허락을 받더라도 그 영화의 상영을 위해서는 별도로 모든 저작권자들로부터 다시 허락을 받아야 하는 문제가 발생하기 때문에 영상저작물의 제작, 이용, 유통의 불편함을 초래하여 영상저작물의 특례 조항인 제99조 제1항의 입법취지가 훼손될 수 있음을 우려한 결과이며 그에 따라 항소심 판결에서도 동일한 취지로 원심 판결을 인용하였으며 대법원* 또한 상고기각으로 원심판결을 확정하였다.

💡 참고 — 영상저작물에 관한 특례 규정

저작물을 이용함에 있어서 정당한 권리에 대한 적합한 사용료를 납부하는 것은 무엇보다 중요한 일이면서 어렵고 복잡한 일이기도 하다. 특히 영화 혹은 TV드라마 등과 같은 영상저작물은 영상이라는 하나의 저작물 안에 어문, 음악, 미술 등 여러 저작물이 혼재되어 있고 영상을 제작하는 과정에 참여한 많은 관계자들의 권리 또한 얽혀 있다. 따라서 영상저작물에 있어 저작자뿐만 아니라 영상 제작에 기여한 자들의 권리관계를 명확하게 하기위해 **저작권법은 제5장에 영상저작물에 관한 특례 규정**을 마련해 놓고 있다. 즉 저작권법은 제99조(저작물의 영상화)에서 영상저작물의 제작 단계에서 허락의 추정과 범위를, 제100조(영상저작물에 대한 권리)에서 제작이 완성된 영상저작물의 권리관계를 규율하고 있으며, 제101조(영상제작자의 권리)를 통해 영상저작물에 대한 영상제작자의 권리와 이용허락의 범위에 대하여 정하고 있다.

---

* 대법원 2016.1.14. 선고 2014다202110 판결.

영상저작물에 관한 특례 규정은 영상저작물의 권리관계를 분명히 규정함으로써 저작자를 포함하여 영상 창작에 기여한 모두를 충분하게 보호하고 영상저작물의 원활한 이용을 도모하고자 하는 취지를 가지고 있으며 이는 "저작자의 권리와 이에 인접하는 권리를 보호하고 저작물의 공정한 이용을 도모함으로써 문화 및 관련 산업의 향상발전에 이바지"하는 저작권법의 목적에도 부합한다.

우리 법원 또한 영상저작물에 대한 특례 규정인 제99조 제1항과 관련하여, **영상저작물의 제작에 관계된 사람들의 권리관계를 적절히 규율하여 영상저작물의 원활한 이용과 유통을 도모**하고자 하는 이 조항의 취지와 규정 내용 등에 비추어 보면, 여기서 말하는 '영상화'에는 영화의 주제곡이나 배경음악과 같이 음악저작물을 특별한 변형 없이 사용하는 것도 포함되고, 이를 반드시 2차적 저작물을 작성하는 것으로 제한 해석하여야 할 것은 아니라고 판시함으로써 저작권법 제99조 제1항에서 말하는 '영상화'에 대한 해석의 범위를 명확히 하였다.

더불어 앞의 판결은 해당 영화를 위해 새롭게 창작되는 저작물에 있어서, 음저협에 권리가 이전됨이 옳으나 저작권법 제54조(권리변동 등의 등록·효력) 제1에 근거하여 신탁등록을 하지 않은 음저협은 창작곡의 저작자들로부터 저작재산권권을 양도받거나 이용허락을 받은 영화제작자들에게 신탁에 따른 양도로 대항할 수 없다고 판결함으로써, 저작재산권을 신탁한 저작자라 하더라도 해당 저작자가 신규로 창작 및 취득되는 저작권에 대해 음저협이 신탁등록을 하지 않은 경우에는 재산권의 행사 및 징수에 제한이 따를 수 있음을 분명히 하였다.

(6) 광고

광고시장은 전통적인 TV와 라디오를 기반으로 해서 인터넷포털, 모바일, IPTV 등으로 지속적인 확장 추세를 보이고 있다. 글로벌 OTT업체인 넷플릭스는 2022년 11월 광고형 베이식요금제*를 선보이기도 했으며, 삼성전자도 삼성 TV 플러스를 통해 광고를 보면 무료로 VOD서비스를 이용할 수 있도록 하였다. 이러한 광고에서 음악은 해당 광고를 통해 알리고자 하는 제품의 이미지나 내용 등을 확고하게 각인시키는 역할을 한다. 광고에 음악저작물을 이용할 경우에는 음악저작물 징수규정 제35조(광고에 대한 복제사용료)에 근거하여 각 매체별·기간별로 다르게 산정한다.

징수규정 제35조(광고에 대한 복제사용료)

① 상업용 광고에 음악저작물을 이용할 경우의 1곡당 복제사용료는 다음의 금액에 지분율을 곱한 금액으로 산정한다. 단, 저작인격권과 관련된 사항에 대하여는 저작자의 사전 승낙을 얻어야 한다.

단위: 만원

기간 \ 범위	지상파 TV	라디오	케이블TV (위성TV, 지상파 DMB 포함)	인터넷	극장	기타 (옥외, 지하철 차량 등)
1개월 미만	150	100	100	30	30	50
3개월 미만	250	150	150	50	50	100
6개월 미만	350	250	250	70	70	125

---

* 넷플릭스 광고형 베이식 요금제는 광고 지원 멤버십으로, 월 5,500원으로 기존 베이식 요금제에 비해 4,000원 더 저렴한 가격으로 이용이 가능하다. 대신 넷플릭스의 다른 광고없는 멤버십과 달리, 대부분의 시리즈 및 영화 재생 전 또는 재생 중에 광고가 표시되며 일부 영화 및 시리즈 라이선스가 제한되어 시청할 수 없으며, 콘텐츠를 저장할 수 없다. 〈출처: 넷플릭스 고객센터, 광고형 베이식 멤버십〉

기간 \ 범위	지상파 TV	라디오	케이블TV (위성TV, 지상파 DMB 포함)	인터넷	극장	기타 (옥외, 지하철 차량 등)
9개월 미만	450	350	350	80	80	150
12개월 미만	550	450	450	100	100	170

② 12개월 이상 사용하는 경우에는 다음과 같다.

  12개월 사용료 + (해당 개월수 사용료 × 80%)

③ 상업용 광고가 아닌 공익광고의 경우에는 ①항 사용료의 50%로 하되, 저작인격권과 관련된 사항은 제①항을 준용한다.

광고사용료는 각 매체에서 사용하는 기간에 따라 1곡당 사용료가 나뉜다. 일반적으로 광고는 3개월미만 전매체를 대상으로 진행하는데 이 경우, **광고회사가 3개월 미만의 기간동안 TV, 라디오, 인터넷 등 전 매체를 대상으로 하는 광고에 A작가의 음악저작물 1곡을 사용한다면, 광고회사는 저작권사용료로 7,500,000원을 납부한다.**

음악저작물 광고 사용료 계산식(1곡)

단위: 만원

기간 \ 범위	지상파TV	라디오	케이블TV (위성TV, 지상파DMB 포함)	인터넷	극장	기타 (옥외, 지하철 차량 등)
1개월 미만	150	100	100	30	30	50
3개월 미만	250	150	150	50	50	100
6개월 미만	350	250	250	70	70	125
9개월 미만	450	350	350	80	80	150
12개월 미만	550	450	450	100	100	170

2,500,000+1,500,000+1,500,000+500,000+500,000+1,000,000
= 7,500,000원

(1곡, 전매체 사용료) 7,500,000원 × A작가의 지분율 100% = 7,500,000원

그리고 광고에서 만약 A작가의 곡을 12개월 이상 사용한다면 징수규정 제35조 제2항에서 규정하는 바와 같이 12개월 사용료에 이후 추가되는 개월 수 사용료의 80%를 합산하여 총 저작권사용료를 산정한다.

제35조의 제1항과 제2항은 상업용 광고에 음악저작물을 이용할 때의 복제사용료이며, 공익광고의 경우에는 제35조의 제3항에 따라 제1항에서 산정한 저작권사용료의 50%를 적용한다. 그리고 해당 내용은 저작재산권에 관한 내용으로 저작인격권에 대해서는 저작자에게 귀속되므로 상업성 여부에 관계없이 모두 저작자로부터 사전에 승낙을 얻어야 한다.

(7) 선거로고송

국회의원이나 대통령 등 선거운동 기간이 되면 후보자들은 유권자들의 관심을 높이기 위해 유세 차량과 거리에서 선거홍보용 음악 즉 선거로고송을 부르거나 재생한다. 선거송은 선거 당시 유명 가수의 인기곡이나 연령을 불문하고 중독성이 강한 곡들을 주로 사용하므로 선거음악을 들으면 어떤 장르가 인기를 끌고 있는지 알 수 있을 정도이다.

> 보지 않으면 그만인 선거포스터, 선거안내 책자와 같은 홍보 인쇄물과 달리 집밖으로 나가면 어디서나 들을 수 있고 중독성까지 있는 선거송은 그만큼 후보자를 알리는데 중요한 역할을 한다.*

그런데 우리는 이런 선거로고송과 관련해 기사나 뉴스를 통해 '어느 후보가 선거 노래를 무단으로 썼다'라는 좋지 않은 소식을 종종 접하게 된다. 이러한 일들은 선거에 음악저작물을 사용하면서 사전에 저작자로부터 허락을 받지 않았거나 저작권사용료를 납부하지 않았기 때문에 발생한다.

타인의 음악저작물을 선거에서 사용하는 경우, 다른 이용과 마찬가지로 저작권법 제46조(저작물의 이용허락)에 따라 저작재산권자

---

* "[6.13 지방선거] '노래를 들으면 그 시대가 보인다' 선거송의 정치학", 강경주 기자, 한국경제신문(2018.6.10.)

의 허락을 받아야 한다. 그리고 가사나 악곡 등의 변형이 있을 경우에는 인격권(동일성유지권)과 관련하여 저작자로부터 사전에 허락을 받아야 한다. 인격권은 타인에게 양도가 불가하기 때문에 개작 동의를 받기 위해서는 직접 저작자에게 연락해야 하는데 이와 관련해 음저협에서는 선거로고송 사용 절차 및 사용료 등에 대해 안내하고 각 절차에 필요한 서류 양식을 제공하고 있다.

선거로고송에 대한 저작권사용료는 음저협 징수규정 제37조(선거홍보용 음악사용료)에 근거하여 선거의 종류에 따라 곡당 사용료를 책정한다.

징수규정 제37조(선거홍보용 음악사용료)

선거 홍보용으로 음악저작물을 이용하는 경우 사용료는 다음의 금액에 지분율을 곱한 금액으로 한다. 다만, 저작인격권과 관련된 사항에 대하여는 저작자의 사전 승낙을 얻어야 한다.

선거의 종류	선출대상	곡당 사용료
대통령선거	대통령	2,000,000원
정당용	국회의원 등	2,000,000원
광역단체장선거	광역시장, 도지사	1,000,000원
기초단체장선거	시장, 구청장, 군수	500,000원
국회의원선거	국회의원	500,000원
광역의원	광역시, 도의원	250,000원
기초의원	시·군·구의원	125,000원
교육감 선거	시, 도 교육감	500,000원
교육의원 선거	시, 도 교육의원	250,000원

징수규정 제37조의 음악사용료 표를 보면, 곡당 사용료가 가장 큰 것은 2,000,000원으로 음악을 대통령 선거에서 사용할 경우이다. 그러나 선거로고송으로 음악저작물이 가장 많이 사용되는 선거는 전체 253석*의 국회의원을 선출하는 총선이며, 따라서 저작권사용료로 납부되는 총금액 또한 가장 많다.

중앙선거관리위원회의 통계에 따르면 전국 253개 선거구에 20대 총선(2016. 4. 13.)에는 934명이, 21대 총선(2020. 4. 15.)에는 1,118명이 후보로 등록했다. 만약 A작가가 100%의 지분을 가지고 있는 음악저작물 1곡을 각 총선에서 후보 중 약 1/10이 사용했다고 가정하면, A작가의 해당 저작물에 대한 저작권사용료는 각 총선별로 45,000,000원과 55,000,000원이 발생한다.

---

* 대한민국 헌법 제41조 제2항에 따르면 국회의원의 수는 법률로 정하되, 200인 이상으로 한다. 이와 관련해 여야가 2016년 2월 제20회 총선을 앞두고 총 의석수 300석을 유지하되 지역구 253석·비례대표 47석으로 변경하는데 합의했으며, 21대 국회의원 선거에서도 동일하게 유지되었다.

선거의 종류	선출대상	곡당 사용료
국회의원선거	국회의원	500,000원

저작권료 = 선거별 곡당 사용료 × 저작물수 × 보유지분 × 사용 후보자수

구분	20대 총선(2016.4.13.)	21대 총선(2020.4.15.)
곡사용 후보자수	90명	110명

20대 총선 500,000원 × A작가 저작물수 1곡 × 100% × 90명
= 45,000,000원

21대 총선 500,000원 × A작가 저작물수 1곡 × 100% × 110명
= 55,000,000원

※ 단, 해당 저작권사용료는 저작재산권에 관한 것으로, 저작인격권에 대해서는 영화 및 광고 등에서와 동일하게 저작자 본인에게 귀속된다.

위의 산정 결과는 계산식을 분명히 설명하고자 A작가의 음악저작물 1곡을 사용한 후보자 수를 임의로 적용하였다. 실제 각 음악저작물의 사용 후보자는 선거별로 상이하며 따라서 동일 선거에서 1곡을 다수의 후보자가 사용하기도 하고 동일 곡을 각기 다른 선거에서 사용하기도 한다.

참고 — 음저협 선거로고송 사용 승인 절차

사용신청
관련서식을 다운로드 후 작성하여 사용신청을 한다.
※ 음저협 > 정보광장 > 선거로고송 > 선거로고송 관련서식(신청서, 개작동의서)

개작동의
저작자로부터 사전에 개작동의를 받는다.
※ 개작을 하지 않을 경우에는 개작동의서를 제출하지 않는다. (저작자 연락처는 음저협 담당 직원에게 문의 가능하다.)

사용승인
사용신청서와 개작동의서를 제출 후 음저협의 심사를 받는다.
※ 음저협의 심사를 거쳐 사용승인을 받은 후 곡을 사용할 수 있다.

저작권료 입금
선거의 종류에 따른 곡당 사용료를 납부한다.
※ 음저협지정계좌로 저작권사용료를 입금한다.

승인서 수령
저작권사용료에 대한 계산서와 사용승인서를 수령한다.

음저협은 20대 총선에서 선거로고송 승인 내역을 집계한 결과, 트로트 가수 박상철의 '무조건'이 선거로고송으로 가장 많이 이용되었으며, 그 외에도 박구윤의 '뿐이고'와 장윤정의 '어머나', 그리고 엠넷 〈프로듀스 101〉의 주제곡인 '픽미(Pick Me)'와 걸그룹 AOA의 '심쿵해' 등이 인기 로고송으로 사용됐다고 밝혔다*.

4/13 총선 선거로고송 다수 사용 곡목

걱정말아요그대 · 나성에가면 · 내나이가어때서 · 동반자 · 무조건 · 붉은노을 · 빙고 · 빠라빠빠(ORIGIANL) · 빵빵 · 뿐이고 · 사랑의배터리 · 사랑의트위스트 · 슈퍼맨 · 심쿵해(HEART ATTACK) · 앗뜨거월드컵 · 어이(UH-EE) · 풍문으로들었소 · 핫이슈 · 어머나 댄스메들리 · PICK ME · BOMBA

※ 저작권자들의 요청에 의해 곡의 사용빈도수 및 이용 순위는 공개하지 않음을 알려드립니다.

---

* "4·13 총선에서 가장 많이 사용된 선거로고송은..."(2016.4.12. 배포 및 보도), 음저협〉정보광장〉뉴스/보도자료; "'20대 총선' 선거 로고송 인기 1위는 '무조건'", 김용운 기자, 이데일리(2016.4.12.)

(8) 출판

음악저작권과 관련하여, 출판이란 음악 즉 악곡과 가사 등에 관하여 도서와 같은 출판물로 제작·판매하는 것을 의미한다. 음악저작물을 이용하는 출판의 종류로는 음악도서나 교본 및 악보 등과 같이 음악을 주로 이용하는 경우와 잡지나 신문 등에서 음악을 부수적으로 이용하는 경우로 나뉜다.

음저협에서는 음악을 주로 이용하는 경우를 '음악출판물'로, 음악을 부수적으로 이용하는 경우를 '일반출판물'로 구분하고 있으며 각 출판물에 대한 저작권사용료를 징수규정 제36조(출판) 제1항과 제2항에서 명시하고 있다. 그 외에도 사운드북과 동요카드 등 다른 매체에 음악저작물이 수록된 상품을 '결합출판물'이라 하여 이에 대한 저작권사용료는 동조 제3항을 통해 규정하고 있다.

징수규정 제36조(출판)

음악출판물(제1항)	일반출판물(제2항)	결합출판물(제3항)
음악저작물을 주로 사용	음악저작물을 부수적으로 사용	다른 매체에 음악저작물을 결합
예) 음악도서, 교본, 악보	예) 출판물, 수건, 포스터	예) 사운드북, 동요카드

지금은 음악 관련 사이트에서 파일로 다운로드 받는 악보와 가사, 또는 징수규정 제36조 제3항에서 규정하고 있는 결합출판물에서의

음악이 더욱 익숙하겠지만, 제1항의 음악출판물과 제2항에서의 일반출판물 또한 출판업계에서는 음악도서와 교본, 그리고 음악 관련 여러 서적을 꾸준히 출판하면서 그 맥(脈)을 이어오고 있다.

각 출판물별 저작권사용료를 살펴보면, 제1항 음악출판물과 제3항 결합출판물은 곡당 사용료에 관리곡수와 지분율, 제작수량 등을 적용하여 사용료를 구한다. 그리고 곡당 사용료의 하한가를 판매용 출판물은 5원, 비매용 출판물은 3원으로 규정하고 있다. 다만 곡당 사용료를 구하는 데 있어 음악출판물은 음악저작물 게재비율*을 추가로 반영하며 음악사용료율 또한 음악출판물은 10%이고, 결합출판물은 5%로 차이가 있다.

징수규정 제36조(출판)

① 음악출판물(음악도서, 교본 및 피스 등 음악저작물을 주로 이용하는 출판물에 복제할 경우)의 사용료

1. 곡당 사용료[판매가×10%(음악사용료율)÷수록곡수×음악저작물 게재비율] × 관리곡수 × 지분율×제작수량 × 할인율
2. 제1호에도 불구하고 곡당 사용료가 다음의 하한가 미만일 경우 동 금액으로 한다.

구분	하한가
판매용 출판물	5원
비매용 출판물	3원

* 징수규정 제36조 제1항 비고2) 음악저작물 게재비율이란 출판물의 총 면수 중 음악저작물이 게재된 면이 차지하는 비율을 말한다.

⟨중간생략⟩

③ 결합출판물(사운드북, 동요카드 등 음악출판물과 타 매체가 결합된 상품에 복제할 경우)의 사용료

1. 곡당 사용료[판매가 × 5%(음악사용료율) ÷ 수록곡수] × 관리곡수 × 지분율 × 제작수량 × 할인율
2. 제1호에도 불구하고 곡당 사용료가 다음의 하한가 미만일 경우 동 금액으로 한다.

구분	하한가
판매용 출판물	5원
비매용 출판물	3원

그리고 음악을 부수적으로 이용하는 제2항 일반출판물의 경우는 제1항과 제3항의 출판물들과 달리 제작 부수에 따른 일정 금액의 저작권사용료를 부과하고 있다.

징수규정 제36조(출판)

② 일반 출판물(출판물이나 휘장, 수건, 패널, 포스터 등 음악저작물을 부수적으로 이용하는 출판물에 복제할 경우)의 1곡당 사용료는 다음의 금액에 지분율을 곱한 금액으로 한다.

부수	10,000미만	10,000이상 ~ 30,000미만	30,000이상 ~ 50,000미만	50,000이상 ~ 100,000미만
판매용	18,000원	36,000원	60,000원	96,000원
비매용	10,000원	21,000원	36,000원	57,000원

부수	100,000이상 ~ 300,000미만	300,000이상 ~ 500,000미만	500,000이상
판매용	144,000원	180,000원	240,000원
비매용	86,000원	108,000원	144,000원

 이와 같이 음악저작물을 사용하는 출판물을 '음악출판물', '일반출판물', '결합출판물'로 나눌 때, '종합 트로트 가요 포크송 대백과'의 경우에는 음악저작물을 주로 이용하기 때문에 징수규정 제36조 제1항의 '음악출판물'로 분류된다.

종합 트로트 가요 포크송 대백과*	
출판사	일신서적출판사
소비자가	17,000원
수록곡수	310곡
총 면수	448면
음악게재면	440면

음악저작물 게재비율 음악게재면 440 ÷ 총면수 448 ≒ 0.98 → 98%

* 출판물 품목정보 출처: YES24.COM

해당 서적을 확인한 결과, 실제 음악 수록 페이지 수는 440쪽이며 수록된 음악저작물 수는 총 310곡이다. 이러한 정보를 종합하여 곡당 사용료를 산정하면 약 5.4원이고 제36조 제1항 제2호에서 규정하고 있는 판매용 출판물 하한가인 5원을 충족하므로 5.4원이 이 책에 수록된 음악저작물 1곡에 대한 사용료가 된다.*

곡당 사용료 = 판매가 × 음악사용료율 10% ÷ 수록곡수 × 음악저작물 게재비율

17,000원 × 10% ÷ 310곡 × 98% ≒ 5.37원 → 5.4원

이 책을 **10,000부 제작할 경우, 수록곡 310곡 모두가 음저협의 관리곡이라면 음악저작물에 대한 총 저작권사용료는 16,740,000원이며, 곡별 저작권료는 54,000원이다.**

총 저작권료 = 곡당 사용료 × 관리곡수 × 지분율 × 제작수량 × 할인율

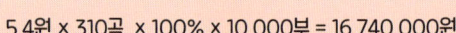

5.4원 × 310곡 × 100% × 10,000부 = 16,740,000원

복제사용료/1곡 = 총 저작권료 16,740,000원 ÷ 관리곡수 310곡 = 54,000원

---

* 제3항의 결합출판물에 대한 곡당 사용료도 음악저작물 게재비율 적용을 제외하고 제1항 음악출판물과 동일한 방식으로 구한다. 이후 총저작권료와 저작자별 저작권료도 동일하다.

만약 이 책에 A작가의 음악저작물 2곡을 수록한다면 해당 저작물에 대한 저작권사용료는 108,000원이다.

> 작가별 저작권료 = 1곡당 복제사용료 × 보유저작물 수 × 보유지분

> A작가 저작권료 = 54,000원 × 2곡 × 100% = 108,000원

다음으로 제2항에서 규정하고 있는 일반출판물의 경우에는 우리가 잘 알고 있는 영어 잡지 '굿모닝팝스'를 예로 들 수 있다.

굿모닝팝스(월간) : 2월[2023]*	
출판사	한국방송출판
소비자가	8,000원
판매가	7,600원(5%할인)
녹자	★ SCREEN ENGLISH ★ POPS ENGLISH ★ SMARTY WITTY ENGLISH 　These Are The Days ― Jamie Cullum 　Lately I ― Faith Evans 　Blue Eyes Blue ― Eric Clapton 　The Little Things ― Colbie Caillat 　From the Heart ― Another Level 　Falling for You ― Tamia 　Do You Mean ― The Chainsmokers 　(Feat. Ty Dolla $ign, bulow) 　Feelings ― Morris Albe

* 출판물 품목정보 출처: YES24.COM

'굿모닝팝스'에는 일반적으로 대략 8~10곡정도의 음악저작물이 수록되는데, 이러한 **일반출판물이 매월 20,000부 정도가 판매된다고 가정하면 10곡 기준 약 360,000원의 음악저작물 사용료가 발생한다.**

일반출판물(1곡당 사용료)		
부수	판매용	비매용
10,000이상 ~ 30,000미만	36,000원	21,000원

복제사용료/1곡 = 곡당 사용료 × 지분율 = 36,000원 × 100% = 36,000원

총 저작권료 = 복제사용료/1곡 × 관리곡수 = 36,000원 × 10곡 = 360,000원

따라서 A작가가 저작권 100%를 보유한 음악저작물 1곡이 이 책에 수록되었을 경우, A작가의 저작권사용료는 36,000원이다.

작가별 저작권료 = 1곡당 복제사용료 × 보유저작물 수 × 보유지분

A작가 저작권료 = 36,000원 × 1곡 × 100% = 36,000원

3. 방송사용료

저작권법상 "방송"은 공중이 동시에 수신하게 할 목적으로 음·영상 또는 음과 영상 등을 송신하는 것을 의미하는데, 우리는 라디오와 TV에서 여러 방송프로그램을 통해 음악을 듣고 공연을 본다.

음저협 매체별 연간 징수금액(5개년) 단위: 억원

매체	2017년	2018년	2019년	2020년	2021년
방송사용료	442.0	456.0	389.6	427.3	419.6
전송사용료	554.2	671.1	863.0	1,097.7	1,362.6
복제사용료	248.5	339.6	352.2	479.0	656.0
공연사용료	438.3	461.4	458.5	322.7	257.6
외국사용료	80.6	100.0	134.0	151.4	180.0
기타수입	4.9	6.0	10.9	9.2	9.8
합계	1,768.5	2,034.1	2,208.2	2,487.3	2,885.6

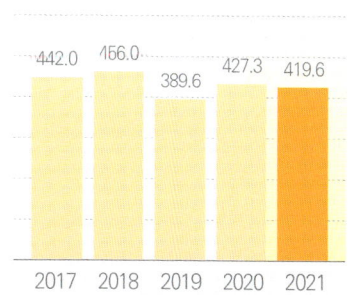

5개년 방송사용료 징수금액 (단위: 억원)

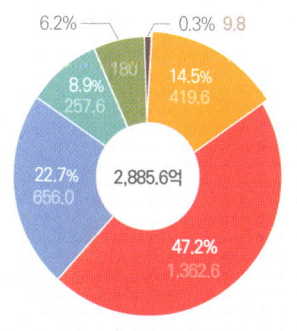

2021년 음저협 징수금액 (단위: 억원)

그리고 이렇게 방송프로그램에서 음악저작물을 사용할 경우, 해당 저작물에 대한 저작권사용료는 음저협 징수규정 제3장 및 분배규정 제4장의 '방송사용료' 규정들을 따른다.*

징수규정 제3장 방송사용료

제16조(지상파방송에 대한 방송사용료)

제17조(방송채널사용사업자(PP)에 대한 방송사용료)

제18조(종합유선방송(SO)에 대한)

제19조(위성방송에 대한 방송사용료)

제19조의2(IPTV 등에 대한 방송사용료)

제19조의3(지상파 DMB에 대한 방송사용료)

제20조(중계유선방송에 대한 방송사용료)

제21조(음악유선방송에 대한 방송사용료)

제22조(이동방송서비스 등에 대한 방송사용료)

분배규정 제4장 방송사용료

제22조(방송사용료의 구분 및 분배기)

제23조(지상파, CATV 등 방송사용료의 분배구분)

제24조(지상파, CATV 등 방송사용료의 분배자료)

제25조(지상파, CATV 등 방송사용료의 분배점수)

제26조(방송사용료 분배방법의 예외)

---

* 복제, 전송에서 징수된 사용료는 수수료를 제하고 분배하는 단순 방식인 반면, 방송, 공연의 경우 징수된 사용료를 이용형태, 시간, 방법 등의 기준에 따라 배점 후 그에 따라 분배한다. 그러므로 방송, 공연은 저작권사용료의 분배에 대해서도 소개하고자 한다. 분배 설명의 필요에 대해서는 방송사용료의 분배 부분에서 자세히 설명한다.

여기서 방송사용료의 대상은 징수규정 제16조(지상파방송에 대한 방송사용료) 제1항 비고3)에서 규정하고 있는 바와 같이, 각 방송사가 주최 또는 주관하는 방송용 공연과 복제 등 방송프로그램 제작 및 방송, 전송, 웹캐스팅을 위한 프로그램 제공을 포괄하며 징수 규정에 별도로 정하고 있는 방송되지 않는 공연(제6조 연주회 등), 방송물 전송(제24조 영상물 전송서비스)이나 웹캐스팅(제27조) 및 영상물 복제·배포(제29조 뮤직비디오 등 영상물) 등은 제외한다.

(1) 지상파방송

방송사용료는 지상파방송인 한국방송공사(KBS), ㈜문화방송(MBC, 지역문화방송 제외), ㈜에스비에스(SBS)의 사용료가 상당한 비중을 차지한다.

실제 지상파방송의 저작권사용료와 관련하여, 음저협은 '2021 KOMCA 저작권료 징수 통계'*를 통해 2021년 방송사용료 징수금액이 총 420억원이며 그중 무선방송(지상파) 부문은 107억원이라고 밝힌 바 있다.

방송 매체	징수금액(원)	징수비율
무선방송	107억	26%
유선방송	172억	41%
IPTV	112억	27%
위성/DMB	6.4억	2%
웹캐스팅	20억	5%
합계	약 420억	100%

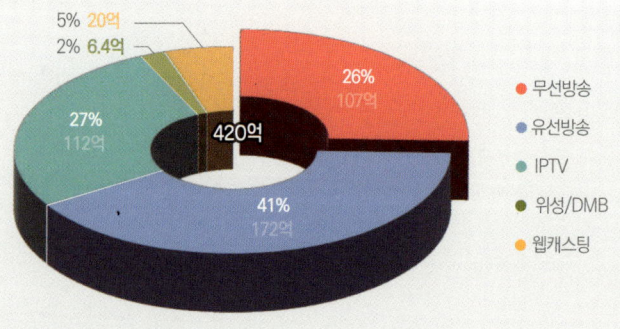

* 음저협 > 협회현황 > 연간 징수 통계자료 > 2021 KOMCA 저작권료 징수 통계자료

지상파 방송사용료의 징수

방송사용료는 전송사용료나, 복제사용료처럼 곡별 정산 방식이 아닌 방송사별 매출액을 기반으로 정산을 하게 된다. 음저협은 이러한 방송사를 포함하여 그 외에도 지역문화방송, 교육방송, 교통방송 등 여러 방송 유형을 분류하여 징수규정 제16조 제1항 내지 제10항을 통해 저작권사용료 산정방법과 음악사용료율을 각각 규정하고 있다.

	제16조(지상파방송에 대한 방송사용료)
제1항	한국방송공사, ㈜문화방송(지역문화방송 제외), ㈜에스비에스 **매출액 × 1.2%(음악사용료율) × 조정계수 × 음악저작물관리비율** ※ 조정계수 단계적 적용
제2항	지역문화방송, ㈜케이엔엔, ㈜대구방송, ㈜대전방송, ㈜광주방송, ㈜오비에스경인티브이, ㈜울산방송, ㈜청주방송, ㈜전주방송, ㈜강원민방, ㈜제주방송 등 **매출액 × 1%(음악사용료율) × 0.72(조정계수) × 음악저작물관리비율** ※ ㈜오비에스경인티브이 조정계수 단계적 적용
제3항	교육방송 **매출액 × 0.35%(음악사용료율) × 0.45(조정계수) × 음악저작물관리비율**
제4항	기독교방송, 불교방송, 평화방송, 원음방송, 경기방송 **매출액 × 1.2%(음악사용료율) × 0.46(조정계수) × 음악저작물관리비율** ※ 경기방송 조정계수 단계적 적용
제5항	교통방송 **매출액 × 1.35%(음악사용료율) × 0.46(조정계수) × 음악저작물관리비율**
제6항	극동방송 **매출액 × 0.7%(음악사용료율) × 0.46(조정계수) × 음악저작물관리비율**
제7항	국군방송 **매출액 × 1%(음악사용료율) × 0.72(조정계수) × 음악저작물관리비율**

제8항	아리랑FM 등 외국어 라디오방송 **매출액 × 1.35%(음악사용료율) × 조정계수 × 음악저작물관리비율** ※ 조정계수 단계적 적용
제9항	국악방송 **매출액 × 0.7%(음악사용료율) × 조정계수 × 음악저작물관리비율** ※ 조정계수 단계적 적용
제10항	YTN라디오 **매출액 × 0.6%(음악사용료율) × 0.46(조정계수) × 음악저작물관리비율**

 방송사용료 정산 기준이 되는 **매출액이란 제16조 제1항 비고1)에서 정의하는 바와 같이, '방송사의 전년도 수신료 및 광고수입을 합산한 금액에서 일반 징수경비, 광고대행수수료 등 제반 지출경비를 감안하여 20/100을 공제한 금액'**을 말한다. 그리고 다른 사업자에게 프로그램을 제공하여 발생한 매출 또한 제외한다.

> **징수규정 제16조(지상파방송에 대한 방송사용료)**
>
> ① 한국방송공사, ㈜문화방송(지역문화방송 제외), ㈜에스비에스의 방송사용료는 다음과 같다.
>
> 매출액 × 1.2%(음악사용료율) × 조정계수 × 음악저작물관리비율
>
> 비고 1) 매출액이란 방송사의 전년도 수신료(전년도 특수방송운영비와 ＥＢＳ 지원금을 공제한다) 및 광고수입(협찬수입 포함)을 합산한 금액에서 일반 징수경비, 광고대행수수료 등 제반 지출경비를 감안하여 20/100을 공제한 금액으로 하며, 다른 사업자의 방송, 전송, 웹캐스팅을 위한 프로그램 제공으로 인한 매출액은 포함하지 아니한다.

비고 2) 조정계수는 다음과 같이 단계적으로 적용한다. 다만, 수신료 인상이나 광고규제 완화 등의 사유로 매출액의 급격한 변동이 있는 경우에는 상호 협의하여 조정계수를 조정할 수 있다.

연도	2012년	2013년	2014년	2015년	2016년이후
조정계수	0.508	0.547	0.588	0.632	0.679

매출액에 대한 정의는 동조 제2항 내지 제10항에서 규정하고 있는 지역문화방송, 교육방송, 국악방송 등에 대해서도 동일하나, 제반 지출 경비에 있어서는 KBS, MBC, SBS와 달리 30/100을 공제한다.

방송사의 매출액을 구하기 위해서는 방송사의 전년도 수신료 및 광고 수입 등 방송사업매출 총액과 방송프로그램제공 매출액 등을 알아야 하는데 이는 방송통신위원회*(이하, '방통위'라 한다)의 '방송사업자 재산상황 공표집'**을 통해 확인할 수 있다.

* 방송통신위원회(Korea Communications Commission)는 방송통신위원회의 설치 및 운영에 관한 법률(약칭: 방통위법)에 근거하여 설립된 대통령 직속 합의제 행정기구이다.
  - 방통위법 제1조(목적): 이 법은 방송과 통신의 융합환경에 능동적으로 대응하여 방송의 자유와 공공성 및 공익성을 높이고 방송통신위원회의 독립적 운영을 보장함으로써 국민의 권익보호와 공공복리의 증진에 이바지함을 목적으로 한다.
  - 방통위법 제2장 방송통신위원회의 설치 등. 제3조(위원회의 설치): 제1항 방송과 통신에 관한 규제와 이용자 보호 등의 업무를 수행하기 위하여 대통령 소속으로 방송통신위원회(이하 "위원회"라 한다)를 둔다.
** 방통위 〉 정책/정보센터 〉 자료마당 〉 방송통계

KBS, MBC, SBS를 중심으로 관련 자료의 확인과 2021년도 방송사용료 산정 과정을 알아보자.

방송사용료는 방송사의 전년도 매출액을 기준으로 하기 때문에 '방송사업자 재산상황 공표집'에서 각 방송사의 2020년도 방송매출액과 프로그램제공매출액 등을 확인한다.

KBS, MBC, SBS 손익계산서(일부)*

한국방송공사

1.재무상태표 (단위:천원)

과 목	2019년	2020년
유동자산	311,529,178	318,204,757
당좌자산	307,860,164	315,102,474
현금및현금성자산	2,195,691	49,595,089
단기투자자산	–	–
단기대여금	742,000	522,300
매출채권	262,552,967	225,596,448
미수금	9,535,896	7,206,741
선급금	25,883,143	22,982,405
기타당좌자산	6,950,467	9,199,490

2.손익계산서 (단위:천원)

과 목	2019년	2020년
매출액	1,362,163,728	1,362,209,981
방송사업매출액	1,345,605,015	1,352,231,328
텔레비전방송수신료매출액	670,470,320	679,023,842
재송신매출액	119,502,581	123,392,169
방송프로그램제공매출액	–	–
광고매출액	254,847,235	231,919,905
협찬매출액	75,996,687	73,702,160
방송프로그램판매매출액	195,295,492	209,175,186
기타 방송사업매출액	29,492,699	35,018,016

(주)문화방송

1.재무상태표 (단위:천원)

과 목	2019년	2020년
유동자산	566,306,697	478,750,273
당좌자산	563,425,952	475,921,535
현금및현금성자산	36,463,867	65,288,032
단기투자자산	265,842,149	177,373,185
단기대여금	–	–
매출채권	227,415,791	193,730,657
미수금	572,618	269,097
선급금	8,347,017	9,496,711
기타당좌자산	24,784,510	29,763,852

2.손익계산서 (단위:천원)

과 목	2019년	2020년
매출액	665,024,298	698,780,778
방송사업매출액	657,346,772	697,856,033
텔레비전방송수신료매출액	–	–
재송신매출액	81,556,675	97,530,351
방송프로그램제공매출액	–	–
광고매출액	231,813,323	225,312,753
협찬매출액	56,283,435	68,536,468
방송프로그램판매매출액	245,487,947	274,499,776
기타 방송사업매출액	42,205,392	31,976,686

---

* 「2020년도 방송사업자 재산상황 공표집」, 방통위(2021.)

(주)에스비에스

1. 재무상태표 (단위:천원)

과 목	2019년	2020년
유동자산	430,805,460	389,391,013
당좌자산	428,581,971	387,482,977
현금및현금성자산	4,137,995	11,001,693
단기투자자산	157,812,580	139,206,710
단기대여금	–	–
매출채권	222,511,725	210,809,324
미수금	4,507,877	3,984,297
선급금	37,678,855	4,018,304

2. 손익계산서 (단위:천원)

과 목	2019년	2020년
매출액	750,555,117	756,977,891
방송사업매출액	707,571,554	705,470,396
텔레비전방송수신료매출액	–	–
재송신매출액	90,702,972	96,372,953
방송프로그램제공매출액	–	–
광고매출액	313,647,649	276,733,549
협찬매출액	74,672,157	84,992,592
방송프로그램판매매출액	220,773,296	239,745,012

그리고 KBS는 매출액 산정을 위해 EBS의 지원금을 공제해야 하는데 해당 자료는 방통위에서 제공하는 '공영방송사(KBS, MBC, EBS) 경영평가 보고서[*]' 중 KBS의 경영평가 보고서에서 파악이 가능하다.

KBS 판매관리비 주요 내역[**]

[표 4-18] 판매관리비 주요 내역 (단위 : 억 원, %)

구분		2020년 (A)	2019년 (B)	증감 (C=A-B)	비고
수신료 징수비	위탁징수비	458	453	5	수신료수입 × 6.15% (2021년까지)
	EBS지원금	190	188	2	(수신료수입-위탁징수비) × 3%
	기 타	62	70	-8	자원관리원 일반직 전환 등
	소 계	710	711	-1	
광고 운영비	광고수수료	365	357	8	방송광고수입 × 16%
	방송발전기금	59	58	1	방송광고수입 × 2.5681%
	기 타	21	16	5	캠페인 업무 광고국 이관

---

[*] 방통위는 방송사업자현황에 대한 자료 중 공영방송사(KBS, MBC, EBS)의 사업연도별 경영평가보고서를 제공하고 있다. 경영평가 〉 정책/정보센터 〉 자료마당 〉 방송통계

[**] 「2020사업연도 경영평가보고서」, KBS 한국방송(2021.)

그러나 방송에서 음악저작물의 사용에 대한 정확한 산정을 위해서는 이외에도 많은 정보가 필요하며 실제 음저협에서는 방송사의 매출에 관한 종합적인 자료를 방송사로부터 제공받는다.

확인 가능한 자료만을 근거로 해서 음악저작권사용료를 산정해 보면, 가령 지상파방송사 중 한 방송사가 2022년 총 매출액에서 방송사업매출액이 9,000억원이고, 방송프로그램 제공으로 인한 매출액은 발생하지 않았으며*, 특수방송운영비 등이 500억원일 경우, 해당 방송사의 제반 지출경비는 8,500억원의 20/100인 1,700억원이 되며, 따라서 음악저작권사용료의 산정을 위한 해당 방송사의 매출액은 이를 공제한 6,800억원이 된다.

구분	금액(단위: 억원)	비고
방송사업매출액	9,000	손익계산서
방송프로그램제공매출액	0	손익계산서
특수방송운영비 등	500	방송사 별도자료

구분	계산식
제반 지출경비 1,700억원	(방송사업매출 9,000억원 - 프로그램제공 0원 - 특수방송운영비 500억원) × 20/100 = 1,700억원

방송매출액 6,800억원   8,500억원 - 1,700억원 = 6,800억원

* 방송사업자 재산상황 공표집을 확인한 결과, 음저협 징수규정 제16조 제1항 비고1)에서 방송사 매출액에 포함하지 않도록 규정하고 있는 '프로그램 제공으로 인한 매출액'은 지상파방송사를 포함하여 대부분의 방송사에서 수익이 발생하지 않았고 EBS 등 일부 방송사에서만 수익이 발생했다.

위의 매출액 6,800억원에 음악사용료율과 조정계수를 적용하면 약 55억원이 나오고, 여기에 음저협의 음악저작물관리비율을 최소 80%로 적용하면 이 방송사의 음악저작물 방송사용료는 약 44억원이다.

구분	내용	비고
방송매출액	6,800억원	-
음악사용료율	1.2%	징수규정 제16조 제1항
조정계수	0.679	동조 동항 비고2) 2016년 이후

총 저작권료 = 매출액 × 음악사용료율 × 조정계수 × 음악저작물관리비율

680,000,000,000원 × 1.2% × 0.679 × 80% = 4,432,512,000원

이와 같은 방법으로 KBS, MBC, SBS의 2021년 방송사용료를 산정해 보자. 우선 앞에서 확인한 각 방송사의 2020년 방송사업매출액에서 프로그램제공매출액, 특수방송운영비와 EBS지원금(KBS) 등을 공제한다.

단위: 원

구분	2020년도 매출 및 운영비		
	방송사업매출액	프로그램제공매출액	EBS지원금
KBS	1,352,231,328,000	0	19,000,000,000
MBC	697,856,033,000	0	-
SBS	705,470,396,000	0	-

그리고 해당 금액의 80%(제반지출경비 20%를 제한 금액)를 매출액으로 구한 후 음악사용료율과 조정계수, 음악저작물관리비율을 적용하여 방송사별 방송사용료를 산정하면 각각 약69억원, 약36억원, 약37억원이다.

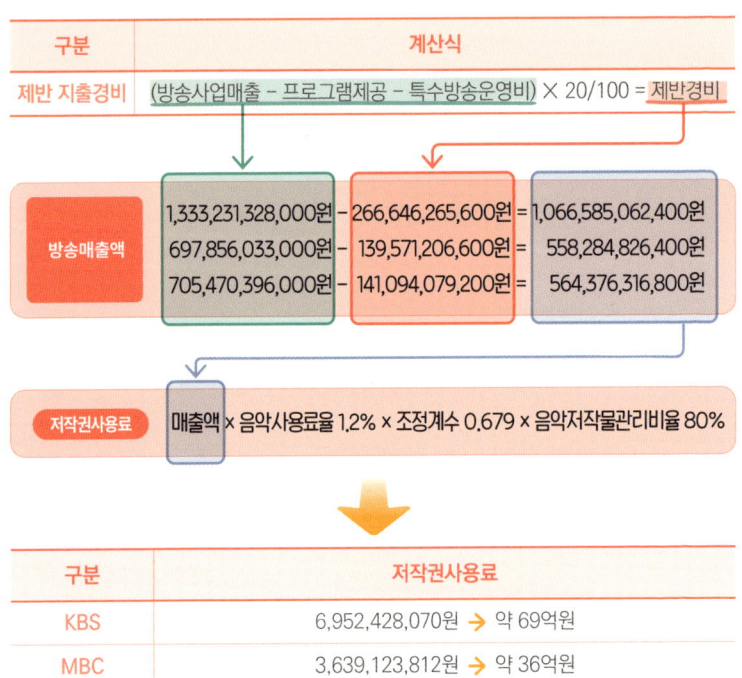

다만 해당 결과는 음악저작물이 방송에서 사용되었을 경우, 방송사용료 산정에 관한 과정을 설명하기 위한 것으로 방통위의 자료(재산상황 공표, 경영평가 보고)에서 확인할 수 있는 정보만을 적용했다. 반면에 각 방송사의 특수방송운영비 등은 별도로 공개된 자료가 없

는 관계로 전년도 수신료에서 감액하지 않았으며 그 결과 실제 음저협의 2021년 지상파방송사용료 징수금액과는 차이가 있다.

앞의 과정에서 적용된 음악저작물관리비율은 "이용자가 이용하는 총 음악저작물 중 협회의 관리 저작물이 차지하는 비율"로 방송사용료 산정에 적용되어야 하는 음악저작물관리비율은 징수규정 제4조 제2호 가목에서 규정하고 있다.

징수규정 제4조(음악저작물)

2. 음악저작물관리비율 – 이용자가 이용하는 총 음악저작물 중 협회의 관리저작물이 차지하는 비율로서 다음 각 목과 같이 산정한다. 다만, 각 유사 이용형태 등을 통해 구체적인 이용횟수를 파악하는 것이 곤란한 경우, 이용자와의 협의를 바탕으로 각 장의 유사 이용형태를 통해 집계된 수치를 준용할 수 있다.

가. 공연, 방송, 전송

$$\frac{\text{본 협회의 관리저작물 이용횟수}}{\text{총 이용횟수}} \times \text{지분율}$$

나. 복제·배포

$$\frac{\text{관리곡 수}}{\text{총 수록곡 수}} \times \text{지분율}$$

비고 1) 지분율은 협회의 각 관리저작물에 따른 신탁회원의 권리비율로서 구체적 기준은 협회가 제공한다.

위의 음저협 규정에서는 구체적인 음악저작물관리비율을 명시하고 있지 않으며, 따라서 '2015년 4분기 및 2016년 방송사(KBS·MBC)의 저작권사용료 산정에 적용되어야 할 관리비율'에 관한 법원의 판결*을 참고하여 편의상 80%로 임의적용하였다.

한편, 음악저작물의 방송사용료 산정 과정은 앞서 살펴본 것처럼 다소 복잡하기 때문에 방송사 매출 대비 음악저작권사용료의 비율을 먼저 구한 후 이를 매출액에 적용하면 그 과정을 간소화할 수 있다.

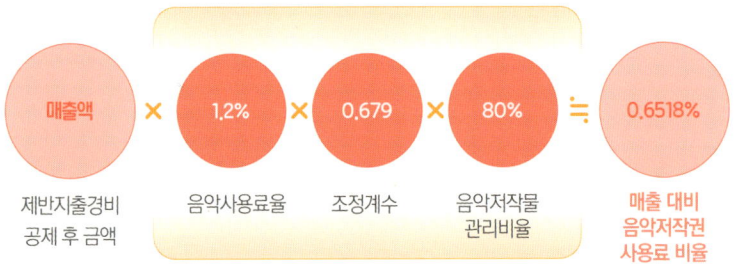

위의 결과에 따르면, 방송사 매출액(제반지출경비 공제 후 금액)의 약 0.65%가 음악저작권사용료가 된다. 징수규정 제16조 제2항 내지 제10항의 다른 방송 유형도 규정상 제시된 경비공제비율과 음악사용료율 등을 먼저 구할 경우, 매출 대비 음악저작권사용료 비율과 사용금액에 대하여 예측과 산정이 용이하다.

---

* 음저협의 음악저작물 관리비율과 방송사(KBS, MBC)의 음악저작권료 산정과 관련한 소송에서 법원은 '관리하는 음원의 비율'을 감정했으며 그에 따라 저작권사용료 산정에 적용되어야 할 음저협의 관리비율은 80.44~85.58%라고 판결했다. 서울고등법원 2021.5.13. 선고 2017나2072981 판결 등 관련 내용은 판례자료에서 자세히 설명하도록 한다.

> **판례** 서울고등법원 2021.5.13. 선고 2017나2072981 판결.*

2015년 음저협은 KBS와 MBC에게 관리비율을 97%로 계산하여 2015년 4분기 저작권사용료를 청구했으나 해당 방송사는 이 중 일부만을 지급하였고 이에 음저협은 그 차액과 지연 배상을 청구하는 소를 제기하였다.

사건의 배경

- 저작권사용료 산정 방법 중 '음악저작물 관리비율'에 관하여 음저협의 사용료 징수규정상에는 '이용자가 이용하는 총 음악저작물 중 협회의 관리저작물이 차지하는 비율'이라고 정의되어 있으나 **구체적인 비율인 97%에 대해서는 명시하고 있지 않았다.**
- 음저협과 방송사 간의 계약 체결 시 음저협의 음악저작물 관리비율을 97%라고 계약서 상에 기재하였고 방송사는 이에 따라 저작권사용료를 납부해 왔다.
- **2013년 음악저작권 신탁관리단체인 (사)함께하는음악저작인협회(이하 '함저협'이라 한다)이 출범함으로써 음악저작권 신탁관리에 있어 '복수단체'체제**가 되었으며, 그에 따라 그동안 음저협의 관리비율이었던 97% 또한 변화가 생겼다.(음저협의 관리비율 97%를 유지할 경우, 음저협과 함저협의 관리비율의 합이 100%를 초과한다.)
- 2014년 11월 음저협의 저작권사용료 징수규정 상 관리비율에 관해 '본협회의 관리저작물 이용횟수/ 총 이용횟수×지분율'로 산정하도록 개정되었다.

본 사건의 쟁점은 2013년 음저협과 KBS, 음저협과 MBC 간의 음악저작물 이용계약서 제4조에 명시된 저작권사용료 산정 방법인 '매출액×1.2%(음악사용료율)×조정계수×음악저작물관리비율(97%)' 중 **음악저작물 관리비율(97%)**에 관한 것이다.

---

* 서울중앙지방법원 2017.11.8. 선고 2016가합542909 판결; 대법원 2021.9.16. 선고 2021다238247 판결.

(방송사) 방송사와 음저협 간 체결한 계약 사항인 **관리비율 97%는 "음저협 또는 방송사가 달리 입증하지 않는 한 97%로 본다."라고 기재되어 있으므로 '추정'사항에 불과**하며 함저협 출범 이후 음저협의 저작물관리비율이 낮아진 것을 근거로 해당 추정은 '복멸'되었고, 2014년 개정된 징수규정에 따라 관리비율을 재산정해야 한다고 주장했다.

(음저협) 방송사와 음저협 간 체결한 계약은 포괄이용허락계약이며 본 이용계약 제4조 제1항 제3호에서 명시한 "달리 입증하지 않는 한 97%로 본다"라는 내용은 실제 음악저작물 신탁현황을 반영한 것이 아니라고 주장했다. 따라서 **저작권사용료 할인을 위한 개념에 불과한 관리비율 97%는 '추정'이 아닌 '간주'*로 해석되어야 하고 관리비율 변동에 따라 사용료 액수를 달리하는 것은 계약 성질에 반한다**는 것이 음저협의 입장이었다.

법원은 1심에서 "달리 입증하지 않는 한 97%로 본다"의 해석에 관해, "달리 입증하지 않는 한"이라고 명시한 바와 같이 반증을 허용하고 있으므로 간주가 아닌 '추정'이라고 판단했다. 그리고 관리비율은 실제 음악저작물 신탁현황을 반영한 결과가 아닌 '할인'을 위한 개념이라는 음저협의 주장 또한 받아들이지 않았으며 2015년 및 2016년 저작권료 산정 시 2014년 11월 개정 사용료 징수규정을 적용하는 것이 타당하다고 판단했다. 따라서 법원은 2015년 4분기 및 2016년 저작권사용료 산정에 적용되어야 할 관리비율을 최소 81.77%에서 최대 91.19%로 계산하여 판결하여, 97%라는 관리비율의 추정은 복멸되었다.

---

* '추정' 혹은 '간주' 규정인지는 '반증(反證)의 허용 여부'에 따라 나뉜다.
  - 추정(推定): 명확하지 않은 사실이지만 그럴 가능성이 높은 경우에 일단 그 사실이 맞다고 정하고 그에 따른 법률 효과를 발생시키는 것이다. 다만, 이 사실에 반증(反證, 반대하는 증거)이 있으면 추정은 깨지며 추정으로 인한 법률 효과는 소멸한다.
  - 간주(看做): 사실여부를 따지지 않고 권위적으로 그렇다고 단정하고서 그에 맞는 일정한 법률적인 효과를 부여하는 것이다. 간주로 인해 부여된 법률효과는 추정과 달리 반증이 있더라도 소멸되지 않으며 소송을 통한 법원의 판결이 있을 때에만 간주의 법적효력을 소멸시킬 수 있다. 〈참고: 『저작권법』, 윤태식, 박영사(2020); NAVER국어사전 등〉

구분(1심)	관리비율	
	2015년 4분기	2016년
KBS	91.19%	81.88%
MBC	89.77%	84.71%

 이후 1심 결과에 음저협과 KBS가 항소했고 2심은 원고 음저협의 신청에 따라 감정인이 '관리하는 음원의 비율'을 감정했고 그 결과 2015년 4분기와 2016년 음저협의 관리비율은 아래와 같이 산출되었다.

구분(2심)	관리비율	
	2015년 4분기	2016년
KBS	81.20%	80.44%
MBC	85.58%	80.44%

이는 1심의 KBS 91.19%/81.77%, MBC 89.77%/84.71%보다 더 낮아진 숫자로 원고인 음저협은 상고하였지만, 대법원은 이를 기각함으로써 본 판결을 확정하였다.

지상파 방송사용료의 분배

그렇다면 이렇게 산정하여 징수한 방송사용료는 저작자에게 어떠한 방식으로 분배할까?

저작권사용료의 산정이 음저협 징수규정에 의해 진행하는 바와 같이 저작권사용료의 분배는 음저협의 음악저작물 사용료 분배규정에 따라 이루어진다.

앞서 살펴본 전송사용료와 복제사용료는 음악저작물이 실제로 사용된 횟수나 제작수량에 따라 곡별로 정해진 금액을 사용자가 음저협에 납부하는 '곡별 사용허락' 방식이다. 따라서 사용자에게 부과·징수된 저작권사용료에서 음저협의 수수료 및 세금 등을 공제 후 저작자에게 분배된다.

하지만 방송사용료는 방송사 자체제작 프로그램뿐만 아니라 외주제작과 긴급편성에 의한 방송프로그램도 있고, 특히 TV에서는 일반적인 가요나 팝음악 외에 방송용 배경음악(BGM[background music], 라이브러리음악 포함)과 시그널음악 등이 많이 사용되기 때문에 곡별 사용허락 방식의 분배계산 방법은 물리적인 한계가 있다.

분배규정 제2조(정의)

9. 주제음악: 드라마, 영화, 애니메이션의 방송프로그램에서 주제를 부각시키기 위해 사용된 가사가 있는 테마 음악저작물을 말한다.(기악곡으로 편곡되어 사용한 경우를 포함)
10. 배경음악: 방송프로그램 또는 영화 등에서 분위기 조성을 위해서 사용되는 보조 음악저작물을 말한다.(라이브러리 음악 포함)
11. 라이브러리 음악: 독립적으로 연주하거나 가창할 목적으로 작곡되지 않고, 영화, 애니메이션, 방송프로그램 등에 배경음악 등으로 사용할 것을 목적으로 창작되어진 음악을 말한다.
12. 시그널음악: 드라마, 영화, 애니메이션을 제외한 방송프로그램 등에서 시작 또는 끝을 알리기 위해 사용되는 음악저작물을 말한다.

따라서 **음악저작물의 방송사용료는 매출액을 기반으로 하는 분배규정 제8조 제1항의 '포괄 사용허락'방식을 활용한다.**

분배규정 제8조(분배계산방법)

① 포괄 사용허락 방식의 분배계산 방법은 다음과 같다.

$$(각\ 저작물에\ 대한\ 분배액) = \frac{각\ 저작물의\ 분배점수}{분배대상\ 저작물의\ 분배점수의\ 합} \times 분배대상\ 사용료$$

② 곡별 사용허락 방식의 분배계산 방법은 다음과 같다.

$$(각\ 저작물에\ 대한\ 분배액) = \frac{분배대상사용료}{승인곡수}$$

또한 방송사용료는 분배규정 제22조(방송사용료의 구분 및 분배기)에서 명시하고 있는 바와 같이, 저작물이 사용된 방송사별로 분배 시기에 맞춰 진행되며*, 저작권자는 방송에서 사용된 음악의 유형에 따라 방송사가 제출한 분배자료에 의거해 저작권사용료를 분배받는다.

> **분배규정 제24조(지상파, CATV 등 방송사용료의 분배자료)**
>
> ① 방송사용료의 분배는 다음 각 호의 분배자료에 의거 분배한다.
> 　1. 일반음악
> 　　가. 방송사(사용자)로부터 제출된 분배자료(Cue-sheet** 포함)
> 　　나. 방송모니터 전문 기관이 모니터한 자료
> 　2. 주제·배경·시그널 음악
> 　　가. 방송사(사용자)로부터 제출된 분배자료(Cue-sheet 포함)
> 　　나. 방송모니터 전문 기관이 모니터한 자료
> 　　다. 권리자가 제출한 음악사용확인서(Cue-sheet 포함)

이와 같은 분배산정 방식을 자세히 살펴보면, 우선 제8조 제1항의 포괄사용허락 방식은 분배대상 저작권사용료에 대해 1/N형식으로 분배하도록 규정하고 있는 것으로 설명된다. 여기서 주의해야 할 것은 N의 대상이다. 분배규정 제8조 제2항의 곡별 사용허락 방식에서

---

* 분배규정 제22조(방송사용료의 구분 및 분배기)에서는 방송사용료의 분배대상 저작물을 구분하여 각 분배기를 규정하고 있다. 공영방송사 및 민영방송사의 방송사용료는 분기별로 분배하며, TV 중계유선, 음악유선방송, CATV PP, SO, 위성방송, DMB방송, IPTV는 전년도 징수 사용료를 7월과 11월에 분배하도록 규정하고 있다.

** 큐시트(Cue-sheet)란, 영화나 방송프로그램의 시작부터 끝까지의 전 과정을 일정한 형식에 따라 구체적으로 기재해 놓은 방송진행표로 저작물, 그 관계권리자 및 사용시간 등을 기재한 자료를 말한다.(분배규정 제2조(정의) 제9호)

N은 승인곡수인 반면 **방송사용료 산정에서의 N은 방송 매체, 시간, 이용형태 등에 따라 부여되는 '분배점수'이다.**

예를 들어 2021년도 매출액을 기반으로 산정된 음악저작권사용료 20억원을 음저협에 납부한 방송사가 제출한 분배자료상 사용곡수가 4,000곡이라고 가정해 보자. 그러면 총저작권사용료 20억원을 사용저작물수 4,000곡으로 나눈 500,000원이 각 곡의 저작권사용료가 된다.

$$\frac{매출액}{음악저작물\ 사용곡\ 수} = \frac{2,000,000,000원}{4,000곡} = 500,000원$$

그러나 방송에서 사용하는 음악저작물은 방송의 유형과 프로그램의 주제 및 형식 등에 따라 이용형태를 달리한다. 일례로 지상파방송인 KBS, MBC, SBS는 TV채널뿐만 아니라 라디오 방송채널을 운영하고 있는데, TV에서는 실연자*가 직접 출연하여 노래를 부르거나 악곡을 연주하는 형태로 음악저작물이 사용된다. 반면, 라디오는 요즘 보이는 라디오**의 형태로 운영하는 방송이 있기는 하지만 그

---

* "실연자"는 저작물을 연기·무용·연주·가창·구연·낭독 그 밖의 예능적 방법으로 표현하거나 저작물이 아닌 것을 이와 유사한 방법으로 표현하는 실연을 하는 자를 말하며, 실연을 지휘, 연출 또는 감독하는 자를 포함한다.(저작권법 제2조(정의) 제4호)
** 보이는 라디오란, 라디오 스튜디오 영상을 보여주는 라디오 방송으로 KBS콩, MBC미니, EBS반디 등이 있다.

래도 여전히 가수나 연주자 등 실연자의 출연없이 음원만을 이용하는 경우가 대부분이다.

이와 같이 방송의 형태, 주제, 그리고 사용 시간에 따라 음악저작물이 방송에서 차지하는 비중 또한 달라질 수 있기 때문에 음저협은 위의 **1/N형식의 분배방식에 더하여 각 사용형태와 방법 등에 따라 분배점수를 달리 부여하는 방식을 함께 적용하고 있다.**

음저협 분배규정 제25조(지상파, CATV 등 방송사용료의 분배점수) 제1호 내지 제6호는 방송에서 음악저작물을 사용하는 형태와 관련하여, TV와 라디오, 실연과 음반으로 나누고, 음악이 방송프로그램의 주제, 배경, 시그널 음악인지의 여부도 구분한다. 그리고 일반음악의 사용시간에 대해서도 구분하여 그에 따른 점수를 부여하는 등 분배대상 음악저작물에 대한 구체적인 분배방식을 명시하고 있다.

먼저 제25조 제1호의 '사용형태별 분배점수'를 알아보면, 일반음악*이 TV에서 실연으로 사용되었을 때의 점수가 1점으로 가장 높으며, TV에서 음반으로 사용된 경우와 라디오에서 실연으로 사용된 경우가 0.5점으로 동일하고, 라디오에서 음반으로 사용되었을 때가 0.25점으로 가장 낮다.

---

* 일반음악이란, 분배규정 제2조(정의) 제9호 내지 제12호에서 정의하는 음악사용형태(주제, 배경, 라이브러리, 시그널)와 구별되는 개념으로 방송에서 음악저작물이 실연자에 의해 가창, 또는 연주되거나 음반으로 재생되는 형태를 의미한다.

분배규정 제25조(지상파, CATV 등 방송사용료의 분배점수)

분배대상이 된 각 저작물에 대해서는 다음 각 호의 점수를 부여해서 각각의 점수를 곱한 것을 그 저작물의 분배 점수로 한다.

1. 사용형태별 점수(일반음악)

사용형태	점수	
	TV	라디오
실연에 의한 사용	1점	0.5점
음반에 의한 사용	0.5점	0.25점

비고) 저작물이 음반을 통해서 방송이 되었다 하더라도, 실연자가 출연한 경우에는 실연에 의한 사용으로 간주한다.

매체	사용형태	분배점수	비고
TV	실연	1점	1
TV	음반	0.5점	$\frac{1}{2}$
라디오	실연	0.5점	$\frac{1}{2}$
라디오	음반	0.25점	$\frac{1}{4}$

따라서 음악저작물이 TV에서 실연에 의해 사용된 경우(음반을 통한 방송에 실연자가 출연한 경우 포함), 라디오에서 음반을 재생하는 것보다 4배의 점수가 부여됨을 알 수 있다.

방송에서 음악저작물이 이용되는 형태는 다양하다. 방송프로그램에 가수가 출연해 노래를 부르는 음악프로그램이나 음반을 재생하는 일반적인 라디오 방송 등의 사용형태는 물론, 그 외에 드라마나 예능프로그램 등에서 영상과 함께 사용되는 경우(주제, 배경, 시그널 음악)도 다수이며 우리가 자주 듣는 방송사의 로고송도 음악 이용의 한 형태이다.

그런데 만약 음악프로그램에서 노래 한곡을 실연하는 것과 방송프로그램에서 음악이 배경으로 사용되는 것의 구분없이 제25조 제1호의 규정에 의해서만 분배점수를 부여한다면, 음악프로그램에서 음악저작물 한곡 전체가 약 2~4분가량 이용된 것과 예능프로그램에서 음반을 10초가량 2번 이용된 것이 동일하게 1점의 분배점수를 받게 되고 3초이하로 사용되더라도 3번 이용될 경우 이보다 높은 점수인 1.5점(음반, TV, 0.5점×3회)을 받는다.

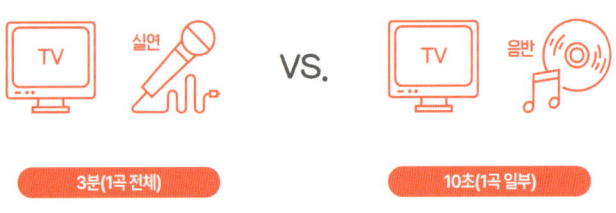

이럴 경우, 방송에서 음악이 차지하는 비중과 중요도 등을 고려하지 않은 채 "TV"라는 매체에서 "짧게 그리고 많이만" 사용하면 무조건 높은 분배점수를 부여하게 된다. 그리고 음악프로그램에서 음악 한곡이 온전히 사용되었더라도 배경음악에 비해 상대적으로 낮은 분배점수를 부여함으로써 다소 불합리해 보일 수 있는 상황이 발생하게 된다.

따라서 음저협은 이를 방지하고자 분배규정 제25조 제1호에서의 음악이용 형태를 일반음악으로 보고, **방송에서 음악이 주제, 배경, 시그널 음악으로 이용된 경우 동조 제3호에서 일반음악의 점수를 기준으로 각각 일반음악의 1/2점, 1/10점, 1/10점으로 계산하도록 규정하고 있다.**

분배규정 제25조(지상파, CATV 등 방송사용료의 분배점수)

분배대상이 된 각 저작물에 대해서는 다음 각 호의 점수를 부여해서 각각의 점수를 곱한 것을 그 저작물의 분배 점수로 한다.

〈중간생략〉

3. 주제, 배경, 시그널 음악 점수(일반음악 1점 기준)

사용방법	점수
주제음악	1/2점
배경음악	1/10점
시그널음악	1/10점점

그리고 일반음악을 포함해 주제, 배경, 시그널 음악이 방송에서 5초 미만으로 사용되었거나 프로그램 예고 안내, 극장용 영화 소개 등에 사용된 음악은 분배대상 저작물에서 제외된다.(제25조 제4호 및 제6호)

이외에도 음악이 방송의 개시, 종료, 프로그램 안내나 방송국 PR-SPOT* 등에서 이용되는 경우, 일반음악의 점수(1점)를 기준으로 1/50로 산정하도록 규정하고 있다**.

분배규정 제25조(지상파, CATV 등 방송사용료의 분배점수)

분배대상이 된 각 저작물에 대해서는 다음 각 호의 점수를 부여해서 각각의 점수를 곱한 것을 그 저작물의 분배 점수로 한다.

〈중간생략〉

5. 다음의 사용방법은 1/50점(일반음악 1점 기준)으로 한다.
    가. 방송 개시 전 테스트 전파
    나. 방송 개시, 종료, 프로그램 안내
    다. 방송국 PR-SPOT
    라. 프로그램과 프로그램 사이에 보내는 방송
    마. 교통정보

---

* 방송국 자체 로고송으로 우리가 잘 알고 있는 "정성을 다하는 국민의 방송~", 혹은 "만나면 좋은 친구~", "행복한 꿈 나누어요~"등과 같은 음악이 이에 해당한다.
** 방송 프로그램 예고 안내나 극장용 영화 소개 등에 사용하는 음악에 대해서는 분배대상에서 제외하고, 사용시간, 사용방법, 종류 등이 특이하여 분배점수 산정이 어려운 경우에는 이사회 승인을 통해 저작물 점수를 별도로 정할 수 있다.(동조 제6호 및 비고)

한편 제25조 제2호에서는 일반음악의 사용 시간별 분배점수를 다르게 적용하도록 규정하기도 했으나, 이는 방송에서 실제 사용되는 시간과 횟수 등에 대해 정확한 모니터링이 이루어질 때 가능한 조항으로 해당 시스템의 구축까지 적용을 유보하는 것으로 정하고 있다.

방송에서 음악이 이용되는 주요 형태에 따른 분배점수를 정리하면 다음과 같다.

구분	제1호		제3호			제5호
	실연	음반	주제음악	배경음악	시그널음악	로고송
TV	1	$\frac{1}{2}$	$\frac{1}{2}$	$\frac{1}{10}$	$\frac{1}{10}$	$\frac{1}{50}$
라디오	$\frac{1}{2}$	$\frac{1}{4}$	$\frac{1}{2}$	$\frac{1}{10}$	$\frac{1}{10}$	$\frac{1}{50}$

제25조에서는 "분배대상이 된 저작물에 대해서는 각 호의 점수를 부여하고 그 점수를 곱한 것이 그 저작물의 분배 점수"가 되는 것으로 규정하고 있다. 따라서 일반음악이 TV에서 실연에 의해 사용된 것을 1점으로 하고, 라디오에서 배경음악 형태로 저작물이 사용되었을 경우, 분배점수는 일반음악에 비해 1/40점이며, TV 방송의 로고송은 일반음악 기준 1/100에 해당하는 분배점수를 받게 된다.

라디오 배경음악
라디오에서 음반에 의해 배경음악으로 사용

구분	제1호		제3호			제5호
	실연	음반	주제음악	배경음악	시그널음악	로고송
TV	1	$\frac{1}{2}$ (기준)	$\frac{1}{2}$	$\frac{1}{10}$	$\frac{1}{10}$	$\frac{1}{50}$
라디오	$\frac{1}{2}$	$\frac{1}{4}$	$\frac{1}{2}$	$\frac{1}{10}$	$\frac{1}{10}$	$\frac{1}{50}$

구분	분배점수
라디오 배경음악	라디오에서 음반에 의한 사용 $\frac{1}{4}$ × 배경음악 $\frac{1}{10}$ = $\frac{1}{40}$

TV 로고송
TV에서 음반에 의해 로고송으로 사용

구분	제1호		제3호			제5호
	실연	음반	주제음악	배경음악	시그널음악	로고송
TV	1	$\frac{1}{2}$ (기준)	$\frac{1}{2}$	$\frac{1}{10}$	$\frac{1}{10}$	$\frac{1}{50}$
라디오	$\frac{1}{2}$	$\frac{1}{4}$	$\frac{1}{2}$	$\frac{1}{10}$	$\frac{1}{10}$	$\frac{1}{50}$

구분	분배점수
TV 로고송	TV에서 음반에 의한 사용 $\frac{1}{2}$ × 로고송 $\frac{1}{50}$ = $\frac{1}{100}$

이와 같이 방송사용료의 분배를 위해서는 방송에서 저작물이 이용되는 매체와 형태 등에 따른 각 저작물의 분배점수를 먼저 산정한 후 이를 합산하여, 앞에서 살펴본 분배규정 제8조(분배계산방법) 제1항 포괄 사용허락 방식에 적용해야 한다.

※ 분배금액의 계산은 방송사별 TV와 라디오에서 사용된 여러 형태의 음악을 모두 합산한다. 여기서 주제, 배경, 시그널, 로고송은 사용형태의 특성상 TV와 라디오 모두 음반에 의한 이용으로 계산하였다.

그런데 하나의 방송프로그램에서는 음악을 주제, 배경, 시그널, 로고송 등 다양한 형태로 실연 혹은 음반에 의해 이용하고 방송사별로 다수의 프로그램을 방송한다. 그러므로 이렇게 혼재되어 사용된 여러 방송프로그램의 "분배대상저작물의 분배점수의 합"을 구하기 위해서는 위 그림과 같이 여러 수(분수)의 합을 구해야 한다.

따라서 다소 복잡할 수 있는 산정 과정을 간단히 하고 제25조에 제시된 여러 사용형태에 따른 점수차를 분명히 파악하기 위해 방송사용료의 분배점수를 TV와 라디오로 구분하여 모두 자연수로 변경하면 다음과 같다.

1) TV

사용형태	상세내용(예)	취득점수
실연	가수출연 가창	200
음반	뮤직비디오 송출	100
주제음악	드라마 주제음악	50
배경음악	**드라마, 예능, 다큐 등 배경**	**10** *방송에서의 주 사용형태
시그널음악	퀴즈, 다큐 등 시작과 종료 음악	10
로고송	방송국 로고송	2

2) 라디오

사용형태	상세내용(예)	취득점수
실연	가수출연 가창	100
음반	**음반 송출**	**50** *방송에서의 주 사용형태
주제음악	라디오 드라마 주제음악	25
배경음악	라디오 사연 배경음악	5
시그널음악	퀴즈, 다큐 등 시작과 종료 음악	5
로고송	프로그램 로고송	1

음악저작물이 사용되는 주된 유형과 관련하여, 라디오프로그램의 경우 2시간을 기준으로 평균 10~20곡 가량의 음원이 송출되는데 이러한 라디오 선곡표는 각 라디오프로그램의 공식 홈페이지에서 게시하고 있다.[*]

TV에서는 음악방송프로그램의 경우 가수가 출연하여 직접 노래를 가창하고 그 외 드라마와 예능 프로그램에서는 주제, 배경 등의 음악으로 음반의 형태로 사용되며, 드라마 편당 약 35~40곡, 예능 편당 평균 100곡 이상이 사용된다.[**]

그러나 각 방송사별 TV와 라디오 방송프로그램당 음악저작물의 정확한 사용형태와 곡수 등은 음저협 분배규정 제24조 제1항에서 규정하고 있는 "분배자료"에 의해 알 수 있으며 이는 방송사가 음저협에 제출하거나 필요 시 음저협이 외부 기관을 통해 조사하는 등의 방법으로 수집한다.

---

[*] 2023.2.24.자 MBC라디오 FM4U "두시의 데이트 뮤지, 안영미입니다"프로그램의 선곡수는 가요와 팝을 포함하여 총 17곡이며, 동일날짜의 SBS라디오 "두시탈출 컬투쇼"프로그램의 선곡수는 총 13곡이고 KBS 2Radio "김태훈의 프리웨이"프로그램의 선곡수는 총20곡이다. 세 프로그램 모두 사연과 신청곡 등의 코너로 진행되는 형식은 유사하나 선곡수에 따라서는 프로그램과 요일, 초대손님 등에 따라 상이하다.

[**] 이홍규 CJ ENM 부장은 "OTT도 PP처럼 음악저작권료 사후정산해야", 정다슬 기자, 이데일리(2022.8.25.)에서 "프로그램 제작시 사용되는 음악은 드라마 편당 평균 35곡, 예능편당 평균 100곡 이상으로 방송 후 1시간 이내에 시작하는 방송 VOD에 대한 상업용 음반의 사전 권리 처리는 현실적으로 불가능한 상황"이라고 이야기했다.

> **분배규정 제2조(정의)**
>
> 5. 분배자료: **사용자로부터 제출된 사용곡목보고서, 외국저작권관리 단체로부터 송부된 분배명세서, 그 밖의 저작물 사용내역을 기재한 자료**를 말하며, 본 협회가 사용료 분배를 위해 관계권리자로부터 직접 제출받은 자료와 외부 기관을 통해 조사하여 얻은 자료를 포함한다.

따라서 방송채널 상 편성표와 각 프로그램의 특성 등을 참고하여 음악저작물의 사용 방법과 총곡수 등을 미루어 짐작하고 이를 토대로 방송사용료의 분배금액을 산출해 보고자 한다. 본 산정 과정은 이해를 돕기위한 가정과 예시임을 다시 한번 밝힌다.

2021년 12월에 발표된 방송산업 실태조사 보고서에 따르면, TV는 2020년 각 방송의 채널별 연간 방송시간이 440,000여분에서 500,000여분으로 평균 약 465,000분이며, 이를 시간으로 바꾸면 대략 7,750시간이다. 그리고 방송사별로 실연자(가수 혹은 연주자 등)가 직접 출연하여 음악 한 곡을 완전히 가창 또는 연주하는 음악방송프로그램의 편성은 매주 2~3회 정도로 연간 약 100~150시간 정도로 짐작할 수 있다. 그러므로 **채널별 연간 방송시간 중 음악방송프로그램이 차지하는 비율은 2%미만이며, 나머지 98%이상이 드라마, 예능, 다큐, 뉴스 등의 프로그램이다.**

유형별 연간 방송시간(2020년 연간 기준)*

단위: 분

사업자명	매체	연간 방송시간
한국방송공사	KBS1TV	512,595
	KBS2TV	463,095
	KBS1라디오	524,846
	KBS2라디오	483,120
	KBS3라디오	461,160
	KBS1FM	527,040
	KBS2FM	524,880
	KBS한민족1방송	439,200
	KBS한민족2방송	307,440
	KBS국제방송	303,970
㈜문화방송	MBC TV	444,350
	MBC 표준FM	524,585
	MBC FM4U	524,765
㈜SBS	SBS TV	442,322
	SBS 표준FM	524,930
	SBS 파워FM	524,880

 98%이상 차지하는 드라마, 예능프로그램은 대부분 배경음악의 형태로 음악을 사용하며 특히 예능프로그램 1편당 100곡 이상이 사용된다고 하니,** 결국 1분에 1~1.5곡 이상이 사용된다고 볼 수 있다.

---

* 해당 표는 「2021년 방송산업 실태조사 보고서」, 방통위(2021), 163면 및 164면에서 방송사별 연간방송시간 등을 발췌하여 표로 재구성하였다.

** "OTT도 PP처럼 음악저작권료 사후정산해야", 정다슬 기자, 이데일리(2022.8.25.)

라디오에서는 프로그램당 평균 약 15곡을 사용하고 1일 약 18~20개의 프로그램이 방송된다면, 1일 270~300회, 연간 총 98,550~109,500회가량 가요나 팝 등의 음악을 음반으로 송출하는 것으로 예상할 수 있다.

구분	음악사용시간
프로그램당	2분 × 15회 = 30분
1일(프로그램 18~20개)	15회 × 20개 = 300회
1년(365일)	300회 × 365일 = 109,500회

또는 1년간 총 방송시간에서 음악이 차지하는 비중으로 음악사용시간을 추정할 수 있다. 평균 2분의 음악에 대한 최대 사용횟수를 109,500회로 봤을 때, 음악이 사용되는 시간은 총 219,000분으로 계산할 수 있다. 이는 MBC 라디오의 채널별 연간 방송시간인 524,000분에 대해 약 41.7%의 비중을 차지한다.

구분	음악사용시간	MBC 연간 방송시간
프로그램당	2분 × 109,500회 = 219,000분	약 524,000분 → 41.7%

위의 결과에 따라, **TV와 라디오에서 음악이 주로 사용되는 유형을 TV는 배경음악이고, 라디오는 일반음악의 음반송출인 것으로 예상할 수 있다.** 이를 근거로 매체별 주요 사용형태만 적용했을 때 MBC의 방송사용료 분배점수는 다음과 같다.

MBC 유형별 연간 방송사용료 분배점수(2020년 기준)

MBC의 연간 방송시간에 **TV는 배경음악의 분배점수**를, **라디오는 음반송출의 분배점수**를 적용한다.

단위: 분

사업자명	매체	연간 방송시간
㈜문화방송	MBC TV	444,350
	MBC 표준FM	524,585
	MBC FM4U	524,765

구분	TV		라디오	
	사용횟수	사용형태	사용횟수	사용형태
1년	666,525회 (연간방송시간×1.5회)	배경음악 (10점/1회당)	109,500회 (프로그램당 15회)	음반송출 (50점/1회당)

※ TV와 라디오에서 음악저작물의 주요 사용형태를 고려하여, TV는 배경음악으로 1분당 음악사용 횟수가 1.5회이고 라디오는 음반송출의 형태로 프로그램당 음악사용 횟수가 15회인 것으로 적용하였다.

구분	TV 배경음악(음반)		라디오 일반음악(음반)	
	계산식	분배점수	계산식	분배점수
1년	666,525회 × 10점	6,665,250점	109,500회 × 50점	5,475,000점

TV 6,665,250점 × 1개 채널 = 6,665,250점

라디오 5,475,000점 × 2개 채널 = 10,950,000점

합계(TV 1개, 라디오 2개 채널)
17,615,250점

위의 계산식에 따라 TV는 1개 채널에 연간 약 667만점이 부여되고, 라디오는 2개 채널에 분배점수 1,095만점이 부여되었으므로 이를 합산한 약 1,762만점이 MBC방송사의 분배점수가 된다.

다음으로 각 저작물에 대한 분배액을 계산하기 위해 ▲분배대상 저작물의 분배점수의 합인 1,762만점과 ▲앞에서 구한 MBC방송사의 2020년도 총 저작권사용료 36억, 그리고 ▲해당 저작물의 분배점수를 분배규정 제8조 제1항의 분배계산 방법에 적용한다.

분배규정 제8조(분배계산방법)

① 포괄 사용허락 방식의 분배계산 방법은 다음과 같다.

$$(\text{각 저작물에 대한 분배액}) = \frac{\text{각 저작물의 분배점수}}{\text{분배대상 저작물의 분배점수의 합}} \times \text{분배대상 사용료}$$

예를 들어, A작가의 음악저작물이 MBC 라디오에서 음반의 형태로 1회 송출되었다면, 분배규정 제8조와 제25조에 의해 "라디오에서 음반형태의 사용에 대한 분배점수 50점"이 부여되고 그 결과 약 10,218원의 분배금액이 발생한다.

구분	일반음악		주제음악	배경음악	시그널음악	로고송
	실연	음반				
라디오	100	50	25	5	5	1

※ 주제음악, 배경음악, 시그널 음악, 로고송의 위 분배점수는 음반사용 기준이다.

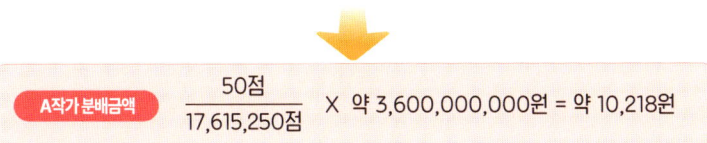

A작가 분배금액 $\dfrac{50점}{17,615,250점}$ × 약 3,600,000,000원 = 약 10,218원

그리고 만약 위의 곡이 TV에서 배경음악으로 사용되었다면 앞의 라디오에서 사용의 약 1/5 금액인 약 2,043원이 해당 사용에 대한 저작권사용료가 된다.

구분	일반음악		주제음악	배경음악	시그널음악	로고송
	실연	음반				
TV	100	50	50	10	10	2

※ 주제음악, 배경음악, 시그널 음악, 로고송의 위 분배점수는 음반사용 기준이다.

A작가 분배금액 $\dfrac{10점}{17,615,250점}$ × 약 3,600,000,000원 = 약 2,043원

마찬가지로, 만약 A작가의 곡이 TV에서 실연의 형태로 사용되었다면, TV에서 배경음악의 20배인 200점이 부여되므로 분배액은 약 40,860이 된다.[*]

---

[*] 라디오에서 음반송출의 4배로 계산할 경우에는 약 40,870원으로 산정된다.

다만, 앞서 말한 바와 같이 이는 각 매체에서 음악저작물의 사용 형태에 따라 부여되는 분배점수와 분배금액의 산정 과정을 설명하기 위한 것으로 각 방송사의 채널별 음악 사용 횟수와 형태, 그리고 방송사의 매출액 등에 따라 달리 산정될 수 있다. 따라서 각 저작물에 대한 정확한 분배액을 산출하기 위해서는 방송사가 제공하거나 음저협이 조사 및 수집한 분배자료에 의하여야 한다.

한편 KBS의 경우에는 연간 납부하는 저작권사용료가 약 69억원으로 타방송사에 비해 많기 때문에 분배금액 또한 2배가 지급될 것으로 예상할 수도 있다. 그러나 KBS는 운영하는 채널이 총 10개(TV 2개 라디오 8개)로 MBC와 SBS에 비해 그 수가 많기 때문에 그에 따라 사용하는 음악저작물의 수가 증가하고 결국 분배대상 저작물의 분배점수의 합 또한 증가하므로 저작물별 분배금액 또한 유사할 수밖에 없다.

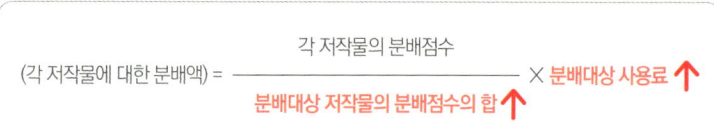

따라서 위의 산정 과정을 살펴볼 때, 우리는 **전국방송 KBS, MBC, SBS 라디오에서 음악이 한번 송출되었을 경우 약 10,000원 정도의 저작권사용료가 발생하며, TV에서 가수가 출연하여 노래를 한번 불렀을 때 약 40,000원의 금액이 해당곡에 대한 저작권사용료로 발생함을 알 수 있다**[*].

---

[*] 각 금액의 편차는 분배대상 저작물의 분배점수의 합의 크기에 따라 달라질 수 있으므로 분배대상 저작물의 수가 많을수록 각 저작물에 대한 분배금액은 적어질 수 있다.

전국으로 송출되지 않는 지역방송국의 저작권사용료와 관련해, 포항문화방송㈜, 즉 포항MBC의 경우 분배대상 저작물의 분배점수의 합은 동일하더라도 연간 매출액이 전국방송에 비해 낮기 때문에 그에 따른 음악저작권사용료 또한 현저히 줄어들게 된다.

포항문화방송(주) 손익계산서(일부)*

포항문화방송(주)

1. 재무상태표 (단위: 천원)

과 목	2020년	2021년
유동자산	12,574,672	11,541,783
당좌자산	12,574,672	11,541,783
현금및현금성자산	7,038,445	3,141,662
단기투자자산	3,000,000	6,000,000
단기대여금	–	–
매출채권	2,483,160	2,365,471
미수금	279	1,131
선급금	8,200	1,210

2. 손익계산서 (단위: 천원)

과 목	2020년	2021년
매출액	8,282,258	9,148,429
방송사업매출액	7,956,432	8,844,697
텔레비전방송수신료매출액	–	–
재송신매출액	1,535,800	1,511,528
방송프로그램제공매출액	–	–
광고매출액	5,889,477	6,626,459
협찬매출액	231,340	385,579
방송프로그램판매매출액	292,639	316,633

예를 들어, 포항문화방송의 2020년 방송사업매출액을 적용하여 음저협 징수규정에 따라 연간 방송사용료를 계산하면 32,080,334원이 된다. 만약 TV에서 음악이 가창의 형식으로 1회 사용되어 200점이 부여되더라도 분배대상 사용료인 연간 방송사용료가 감액되어, 해당 사용에 대한 분배금액은 약 363원으로 산정된다.

---

* 「2021년도 방송사업자 재산상황 공표집」, 방통위(2022.)
  - 「2020년도 방송사업자 재산상황 공표집」, 방통위(2021)에서 포항문화방송(주)의 방송사업매출액은 7,725,092천원으로 2021년도 재산상황 공표집과 상이하여 확정된 2020년도 매출액이 반영된 2021년도 공표집을 활용하였다.

제16조(지상파방송에 대한 방송사용료)

매출액 × 1%(음악사용료율) × 0.72(조정계수) × 음악저작물관리비율

비고1) 매출액이란 방송사의 전년도(방송초기연도와 그 익년도 및 방송종료연도에 한해 당해연도의 매출액을 기준으로 한다) 수신료 및 광고수입을 합산한 금액에서 징수경비, 광고대행수수료 등 **제반 지출 경비를 감안하여 30/100을 공제한 금액으로 한다.**(이하 별도로 정하지 않는 한 이 조에서 같다.

포항문화방송(주) 연간 방송사용료

매출액(7,956,432,000 × 70%) × 1% × 0.72 × 80% = 32,080,334원
→ 약 3,200만원

구분	일반음악		주제음악	배경음악	시그널음악	로고송
	실연	음반				
TV	200	100	50	10	10	2

※ 주제음악, 배경음악, 시그널 음악, 로고송의 위 분배점수는 음반사용 기준이다.

분배금액 $\dfrac{200점}{17,615,250점}$ × 약 32,000,000원 = 약 363원

(2) IPTV

IPTV(Internet Protocol Television, 이하 'IPTV'라 한다)는 인터넷 프로토콜, 즉 IP를 기반으로 하는 쌍방향 TV 방송을 의미한다. IPTV는 일반 실시간 방송뿐만 아니라 VOD*형식의 개인화된 채널을 볼 수 있으며, 인터넷 서비스를 제공하기도 한다. TV에 직접 적용되는 제품도 있지만 대부분 셋톱박스(Set-Top Box)를 통해 시청이 가능하다.

국내 IPTV 제공사업자(서비스)로는 에스케이브로드밴드㈜의 'B tv', ㈜케이티의 'Genie TV, (구)Olleh TV', ㈜LG유플러스의 'U+ tv'가 있다.** IPTV는 2004년 국내에 처음 도입되었으나 2007년 12월 말에서야 관련법***이 국회를 통과해 2008년부터 KT가 IPTV서비스를 시작했고 2009년 LG U+와 SK브로드밴드의 서비스 실시로 IPTV사업이 본

---

* VOD(Video On Demand, 주문형 비디오, 이하 'VOD'라 한다)는 사용자가 방송을 요청하면 관련 동영상을 마음대로 볼 수 있는 서비스로, 주로 PC를 단말기로 사용하며 인터넷을 기반으로 서비스한다.
** 「2022 방송산업 실태조사보고서」, 방동위(2022.)
*** 인터넷 멀티미디어 방송사업법(약칭: 인터넷방송법): [시행 2008. 2. 29.] [법률 제8867호, 2008. 2. 29., 타법개정]→現) 인터넷 멀티미디어 방송사업법 [시행 2008. 2. 29.] [법률 제8867호, 2008. 2. 29., 타법개정].
  – 제1조(목적) 이 법은 방송과 통신이 융합되어 가는 환경에서 인터넷 멀티미디어 등을 이용한 방송사업의 운영을 적정하게 함으로써 이용자의 권익보호, 관련 기술과 산업의 발전, 방송의 공익성 보호 및 국민문화의 향상을 기하고 나아가 국가경제의 발전과 공공복리의 증진에 이바지하는 것을 목적으로 한다.

격화되었다.*

이후 IPTV는 지상파 3사와 기존 케이블TV와의 여러 갈등을 겪었으나 그럼에도 점진적으로 송출 채널을 늘려 현재까지도 지속적인 성장세를 보이고 있다. 그 결과, **2021년 방송매체별 방송사업매출과 관련하여 IPTV는 4조 6,368억원의 매출로 지상파방송 3조 9,882억원보다 높으며 비중 또한 약 3% 포인트가 높은 23.9%를 차지했다.****

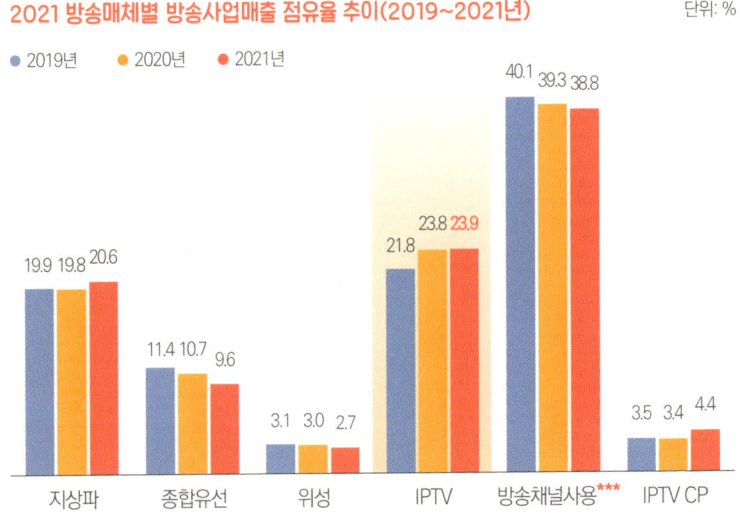

2021 방송매체별 방송사업매출 점유율 추이(2019~2021년) 단위: %

---

*   따라서 2009년부터 IPTV사업자가 방통위 「방송산업 실태조사보고서」 조사대상에 추가되었다.
** 「2022 방송산업 실태조사보고서」, 방통위(2022.)
*** 방송 채널 사용 사업자(Program Provider, 약칭 PP)란, 지상파·위성·종합유선 방송사업자 등과 특정 채널의 전부 또는 일부 시간을 쓰기로 계약하고 그 채널을 사용하는 사업자로 위 통계는 홈쇼핑PP와 일반PP의 점유율을 합산한 것이다.

IPTV 방송사용료의 징수

IPTV에서의 음악저작물 방송사용료는 2020년 127.9억원에 비해 다소 감소하기는 했으나 2021년 112.7억원으로 여전히 100억 이상의 저작권사용료를 징수하였으며, 이는 총 방송사용료 420억원의 27%에 달하는 비중이다.

방송 매체	징수금액(원)	징수비율
무선방송	107억	26%
유선방송	172억	41%
IPTV	112억	27%
위성/DMB	6.4억	2%
웹캐스팅	20억	5%
합계	약 420억	100%

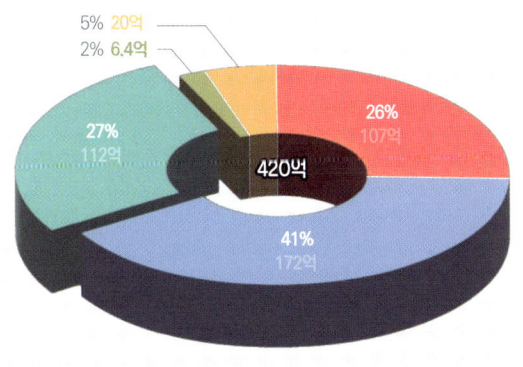

IPTV의 음악저작권사용료와 관련하여, IPTV 3사와 음저협 간의 법적 다툼에 대한 대법원의 최종 판결이 2022년 7월에 내려져* 향후 IPTV에서의 저작권사용료가 증가할 것으로 예상된다.

음저협은 징수규정 제19조의2를 통해 IPTV의 저작권사용료 산정을 위한 음악사용료율과 조정계수 등을 명시하고 있다.

> **징수규정 제19조의2(IPTV 등에 대한 음악사용료)**
>
> IPTV에 대한 음악사용료는 다음과 같다.
>
> 매출액×1.2%(음악사용료율)×0.47(조정계수)×음악저작물관리비율
>
> 비고1) 매출액이란 당해연도 수신료수입(유료수신료 수입 포함), 광고수입(협찬수입 포함) 및 기타 본 서비스관련수입(지원금, 판권수입)의 합산액을 말한다. 단, 광고수입 중 광고대행수수료로 30%를 공제하기로 한다.

위의 계산식을 무선방송(지상파)과 같이 간단하게 바꾸면 **IPTV는 매출액의 0.45%가 음악저작권사용료가 됨을 알 수 있다.**

---

* 대법원 2022.7.14. 선고 2022다226180 판결; (원심) 서울고등법원 2022.2.10. 선고 2019나2022072 판결, 서울중앙지방법원 2019.4.3. 선고 2017가합549679 판결. 관련 내용은 판례 자료에서 자세히 설명하도록 한다.

2020년 IPTV 3사의 매출액과 위의 산식을 바탕으로 각 IPTV 서비스사의 음악저작권사용료를 산정해보면 다음과 같다.

인터넷 멀티미디어 방송 제공사업자 재산상황*

(주)케이티

1.재무상태표		(단위:천원)	2.손익계산서		(단위:천원)
과 목	2020년	2021년	과 목	2020년	2021년
유동자산	7,155,733,671	7,167,046,929	매출액	17,879,280,752	18,387,434,340
당좌자산	6,802,424,798	6,877,701,830	방송사업매출액	1,745,921,044	1,882,558,607
현금및현금성자산	1,541,209,787	1,708,713,379	유료방송수신료매출액	1,101,060,335	1,131,387,809
단기투자자산	754,882,799	744,077,812	기본채널수신료매출액	801,837,557	867,129,055
단기대여금	14,220,136	9,957,953	단기채널수신료매출액	25,914,031	36,358,179
매출채권	2,722,144,803	2,611,994,565	유료VOD수신료매출액	273,308,747	227,900,575
미수금	262,721,098	298,040,440	기타수신료매출액		
미수수익	1,124,900	644,227	광고매출액	46,035,048	43,805,172
선급금	44,405,017	64,357,738	협찬매출액		
기타당좌자산	1,461,716,257	1,439,915,714	홈쇼핑송출수수료매출액	419,315,647	509,250,171
			가입및시설설치매출액	29,131,133	29,281,734

에스케이브로드밴드(주)

1.재무상태표		(단위:천원)	2.손익계산서		(단위:천원)
과 목	2020년	2021년	과 목	2020년	2021년
유동자산	1,179,743,141	1,208,535,448	매출액	3,333,007,368	3,527,563,142
당좌자산	1,172,546,831	1,185,054,058	방송사업매출액	1,376,825,395	1,478,405,187
현금및현금성자산	170,675,700	373,823,065	유료방송수신료매출액	801,194,491	831,272,816
단기투자자산	234,471,709	10,500,000	기본채널수신료매출액	576,460,141	622,941,045
단기대여금	4,511,434	6,223,895	단기채널수신료매출액	23,784,437	28,344,722
매출채권	463,901,972	470,324,313	유료VOD수신료매출액	200,949,912	179,987,049
미수금	512,799	1,039,013	기타수신료매출액		
미수수익	385,166	7,603	광고매출액	34,152,569	37,823,047
선급금	5,847,189	6,476,697	협찬매출액		
기타당좌자산	292,240,862	316,659,472	홈쇼핑송출수수료매출액	379,009,098	441,029,992
			가입및시설설치매출액	20,334,183	24,117,422

(주)엘지유플러스

1.재무상태표		(단위:천원)	2.손익계산서		(단위:천원)
과 목	2020년	2021년	과 목	2020년	2021년
유동자산	4,536,760,768	4,682,088,519	매출액	12,647,147,438	12,804,202,277
당좌자산	4,259,897,691	4,451,581,495	방송사업매출액	1,160,843,648	1,275,855,259
현금및현금성자산	533,784,419	601,631,409	유료방송수신료매출액	700,399,016	752,409,318
단기투자자산	30,200,000	30,200,000	기본채널수신료매출액	529,235,731	609,320,723
단기대여금	50,127,261	53,882,816	단기채널수신료매출액	18,561,567	19,777,510
매출채권	1,726,510,535	1,638,815,458	유료VOD수신료매출액	151,537,680	122,037,789
미수금	171,113,567	134,602,648	기타수신료매출액	1,064,038	1,273,297
미수수익	142,311	18,536	광고매출액	22,720,190	25,427,723
선급금	26,078,772	35,663,624	협찬매출액		
기타당좌자산	1,721,940,827	1,966,767,006	홈쇼핑송출수수료매출액	319,253,089	374,020,000

* 「2021년도 방송사업자 재산상황 공표집」, 방통위(2022.)

단위: 원

구분	2020년도 매출 및 운영비		
	방송사업매출액	광고매출액	광고매출액의 30%
KT	1,745,921,044,000	46,035,048,000	13,810,514,400
SKB	1,376,825,395,000	34,152,569,000	10,245,770,700
LG U+	1,160,843,648,000	22,720,190,000	6,816,057,000

구분	계산식
방송매출액	방송사업매출액 − (광고매출액 × 30/100) = 매출액

방송매출액

KT	1,745,921,044,000원 − 13,810,514,400원 = 1,732,110,529,600원
SKB	1,376,825,395,000원 − 10,245,770,700원 = 1,366,579,624,300원
LG U+	1,160,843,648,000원 − 6,816,057,000원 = 1,154,027,591,000원

저작권사용료 = 매출액 × 음악사용료율 1.2% × 조정계수 0.679 × 음악저작물관리비율 80%

저작권사용료 = 매출액 × 실 적용료율 0.4512%

구분	저작권사용료
KT	7,815,282,710원 → 약 78억원
SKB	6,166,007,265원 → 약 62억원
LG U+	5,206,972,491원 → 약 52억원

※ 다만, 해당 결과는 방통위의 자료(재산상황 공표)에서 확인이 가능한 정보만을 적용하여 계산한 결과로, 각 방송사의 세부 매출과 공제액에 따라 달리 산정될 수 있다.

2020년 재산상황(손익계산)에 따른 IPTV 3사의 저작권사용료는 ㈜케이티 약 78억원, 에스케이브로드밴드㈜ 약 62억원, ㈜엘지유플러스 약 52억원으로 산정되었으며 따라서 IPTV에서 음악저작물의 저작권사용료는 약 190억원이다.

IPTV 방송사용료의 분배

IPTV 방송사는 KBS 등 지상파방송과 같이 제작한 프로그램을 해당 채널에 직접 공급하는 방송사가 아니라, 지역 유선방송사업자와 유사하게 프로그램의 송출과 VOD서비스를 주 사업으로 영위하는 사업자이다. ㈜케이티, 에스케이브로드밴드㈜, ㈜엘지유플러스는 각 사업자별로 약 200여개의 채널을 송출하고 있고 채널별로 방송되는 모든 프로그램에서 사용된 음악저작물의 형태와 목록 등의 정보를 확인하는 것은 사실상 불가능하다.

따라서 **음저협 분배규정 제26조(방송사용료 분배방법의 예외)에서는 이와 같이 분배자료의 제공이 어려운 경우에 대하여 제1항 내지 제8항에 걸쳐 저작권사용료 분배 방법을 제시하고 있다.**

분배규정 제26조(방송사용료 분배방법의 예외)

① 방송사용료 중 다음 각 호의 경우에는 해당년도의 무선방송(KBS, MBC, SBS, EBS, OBS)의 라디오, TV 분배자료와 유선방송(PP)의 분배자료로 분배한다.

1. CATV SO사, 중계유선방송사에서 징수한 사용료, 그리고 년 사용료가 3,600만원 미만인 방송사 및 PP사에서 징수한 사용료
2. 방송사로부터 제출된 Cue-sheet 또는 방송모니터 전문기관이 모니터한 자료가 없는 경우
3. **사용료는 입금되었으나, 입금일로부터 6개월 이내에 분배자료를 제공받을 수 없는 방송 매체(위성방송, DMB방송, IPTV 등)로부터 징수한 사용료**
4. 방송에서 사용된 분배자료가 일부 자료만이 확보되어, 곡별사용료 분배단가 또는 분배점수 산출이 불가능하여 분배자료로 사용할 수 없는 경우
   단, CATV PP사의 경우에는 제3항에 의거하여 분배할 수 있다.

그중 제26조 제1항 제3호에서 "사용료 입금 후 6개월 이내 분배자료를 제공받을 수 없는 매체"에 "위성방송, DMB방송, IPTV 등"으로 명시하여 IPTV를 포함시켰다.

> **분배규정 제26조(방송사용료 분배방법의 예외)**
>
> ② 전항 각 호에 해당하는 사용료 분배는 분배대상 금액을 무선방송(KBS, MBC, SBS, EBS, OBS)의 라디오, TV 분배자료와 유선방송(PP)의 분배자료로 **기 분배한 분배금액** 비율을 적용하여 사용료를 분배한다.

이와 같은 경우, 제2호에 따라 무선방송의 라디오, TV 분배자료 등의 분배금액 비율을 적용하여 각 저작물의 분배대상 금액을 정한다. 그러므로 예를 들어 2021년에 KBS, MBC, SBS, EBS, OBS 그리고 유선방송사(PP)가 납부한 음악 저작권사용료가 총 120억원이고 각 방송사에서 제출된 자료에 의해 사용료를 분배받은 A작가가 1년간 총 1,200만원을 수령했다면 이 작곡가는 앞의 방송사들이 납부한 120억원 중 0.1% 해당하는 사용료를 지급 받은 것이다. 이에 따라 IPTV 3사가 납부한 총 190억의 저작권사용료 중 0.1%인 1,900만원이 A작가의 음악저작물에 대한 저작권사용료로 산정된다.

다만, 우리는 **분배규정 제26조 제2항에 명시되어 있는 분배자료로 '기 분배한 분배금액'이라는 내용에 주목해야 한다.** 이는 만약에 A작가의 음악저작물이 2020년도에 KBS에서 사용되었다 하더라도 분배자료 제출의 지연 또는 누락 등으로 인해 '기 분배한 금액'이 없을 경우, 근거로 삼을 분배자료가 없는 관계로 2020년도 IPTV사용료 분배시 A작가는 저작권사용료를 받을 수 없다는 의미이다.

> **판례** 서울고등법원 2022.2.10. 선고 2019나2022072 판결

2016년 음저협은 IPTV에 대한 음악사용료율을 0.54%에서 1.2%로 상향 적용하기로 하였으며, 해당 사용료율이 적용된 저작권료를 납부하지 않은 IPTV 3사의 대표를 상대로 형사 고소를 진행하였다.

사건의 배경

- IPTV 3사가 주장하는 동일 서비스인 케이블TV 방송사용료와 관련하여, 음저협 징수규정 제18조(종합유선방송(SO)에 대한 방송사용료)에서 해당 음악저작권사용료의 산정을 위한 음악사용료율은 0.5%로 규정되어 있다.

  > 방송총수입 × 0.5%(음악사용료율) × 조정계수 × 음악저작물관리비율

- 영상물을 제작하는 방송채널사업자(Program Provider, PP) 및 콘텐츠제공사업자(Contents Provider, CP) 등이 음악저작물 사용허락을 받는다. 이후 플랫폼 서비스 사업자는 PP와 CP등으로부터 영상물을 제공받아 IPTV 가입자들에게 VOD 서비스를 제공한다.

  > IPTV와 제작사 간의 영상저작물 공급 관련 계약서 상에는 '저작권 사용료를 제작사가 모두 부담한다'는 내용이 명시되어 있다.

- IPTV와 제작사 간의 영상저작물 공급 관련 계약서 상에는 '저작권 사용료를 제작사가 모두 부담한다'는 내용이 명시되어 있으며 음저협은 징수규정 제17조(방송채널사용사업자(PP)) 등을 통해 영상저작물 제작 시 음악저작권사용료를 징수한다.

본 사건의 쟁점은 영상물 제작 과정에서 PP와 CP등이 사용허락을 받은 음악저작물에 대해 **플랫폼 사업자인 IPTV도 별도의 사용허락을 받고 저작권사용료를 납부해야 하는지**와 사용료 산정에 있어 0.54%에서 1.2%로 **음악사용료율을 상향 조정하는 것이 적정한지의 여부**이다.

IPTV사업자는 케이블TV와 동일 서비스인 IPTV에 대해 음저협이 합리적인 이유없이 차별적으로 사용료를 부과하려고 한다고 주장하였다.

2016년 음저협은 상향된 음악사용료율 1.2%가 적용된 저작권료를 납부하지 않았다는 이유로 IPTV 서비스 3사(케이티, LG유플러스, SK브로드밴드)의 대표를 상대로 소를 제기하였다.

이후 2017년 IPTV 3사도 음저협을 대상으로 채무부존재 확인소송을 제기하였고 음저협 또한 손해배상 등의 청구를 반소로 제기하면서 5년여간의 소송이 진행되었다.

이에 법원은 1심에서 "저작권법 제18조에 의한 저작자의 공중송신권의 대상인 저작물이나 복제물의 경우는 저작재산권자의 허락을 받아 최초의 전송이나 방송이 이루어졌다 하더라도 그 이후에 다시 전송이나 방송을 하기 위해서는 새로 저작재산권자의 허락을 받아야 한다"고 판시하였다. 그리고 IPTV와 SO(종합유선방송)의 구조적인 차이 등을 고려하여 IPTV에 SO와 동일한 사용료 산정 기준이 적용되어야 한다고 보기는 어렵다고 결정하였다.

2022년 항소심 법원은 IPTV의 음악사용료율에 대하여 VOD(Video On Demand 주문형맞춤영상정보 서비스) 특성상 음악저작물 사용빈도가 높아지므로 SO 가입자보다 VOD 서비스를 많이 이용하는 IPTV 가입자의 특징을 고려해 각 사용료 산정기준에 차이를 두는 것이 불합리하지 않다고 판단하였다.

그리고 IPTV는 인터넷 멀티미디어 방송사업법 제2조 제5호 가목의 '인터넷 멀티미디어 방송 제공사업자'*인 반면, SO는 방송법 제2조 제3호 나목의 '종합유선방송사업자'**이므로 서비스의 제공형태와 사업의 내용 등이 상이하다고 해석하였으며 음악실연자의 저작인접권을 관리하는 단체 역시 두 서비스의 보상금 산정방식을 다르게 운영하고 있다는 점을 근거로 음저협이 IPTV사에게 SO와 동일한 사용료 산정기준을 적용해야 한다고 보기 어렵다고 판시하였다.

또한 법원은 IPTV와 제작사 간의 영상물 공급 관련 계약에서 '저작권 사용료를 제작사가 모두 부담한다'는 내용은 두 계약 당사자 사이에 효력이 있을 뿐이며 이러한 내용이 IPTV측이 저작권사용료를 지급하지 않을 근거가 되지 않으며 두 주체로부터 각각 저작권사용료를 징수하는 것 또한 이중징수에 해당하지 않는다고 판시하였다.

이후 2022년 7월 대법원은 IPTV 3사의 상고를 모두 기각하며 IPTV 3사에 저작권사용료 지급의무가 있다는 원심의 판결을 확정하였다.

---

* 인터넷 멀티미디어 방송사업법 (약칭: 인터넷방송법)[시행 2022. 7. 12.] [법률 제18735호, 2022. 1. 11., 일부개정] 제2조(정의) 제5조에 가목과 나목에서는 **인터넷 멀티미디어 방송 제공사업자와 인터넷 멀티미디어 방송 콘텐츠업자를 "인터넷 멀티미디어 방송사업자"로 규정하고 있다.**
** 방송법[시행 2022. 12. 11.] [법률 제18866호, 2022. 6. 10., 일부개정] 제2조(정의) 제3호 가목 내지 마목에서는 지상파방송사업자, **종합유선방송사업자**, 위성방송사업자, 방송채널사용사업자, 공동체라디오방송사업자를 "방송사업자"로 규정하고 있다.

4. 공연사용료

  저작권법상 "공연"이란 저작물 또는 실연·음반·방송을 상연·연주·가창·구연·낭독·상영·재생 그 밖의 방법으로 공중에게 공개하는 것을 말하며, 동일인의 점유에 속하는 연결된 장소 안에서 이루어지는 송신(전송을 제외한다)을 포함한다.[*]

  따라서 공연은 우리가 흔히 알고 있는 가수 혹은 연주자가 콘서트, 연주회 등에서 하는 무대공연뿐만 아니라 노래연습장에서 노래를 부르는 것도 공연이다.[**] 그리고 호텔, 카지노, 비행기, 기차에서 음악을 재생하는 것과 커피전문점과 체력단련장(헬스장)[***]에서 음악을 재생하는 것 또한 '공연'에 해당하므로 사용한 음악에 대한 공연사용료를 납부해야 한다.

---

[*]   저작권법 제2조(정의) 제3호.
[**]   노래반주기 제작 시 음악을 수록하는 것은 "복제"에 해당하며, 앞의 2. 복제사용료 중 (4) 노래반주기에 관련 내용을 설명하였다.
[***] 2017년 8월 22일 저작권법 시행령이 개정됨에 따라 2018년 8월 23일 이후 커피전문점과 체력단련장 등에서 음악을 사용하는 행위 또한 공연에 해당하여 공연사용료를 납부하도록 하였다.

이러한 공연사용료와 관련하여, 음저협은 징수규정 제2장과 분배규정 제3장에서 각 공연의 유형과 장소 등에 따른 공연사용료의 징수 및 분배 방법을 다루고 있다.

징수규정 제2장 공연사용료

제6조(연주회 등)

제6조2(온라인 공연)

제7조(영업장)

제8조(전문체육시설에서 하는 체육관련 공연사용료)

제9조(경마·경륜·경정장)

제10조(유원시설의 공연사용료)

제12조(대규모점포에 대한 공연사용료)

제13조(항공기 내의 공연사용료)

제14조(기차 등)

제15조(공연사용료 징수의 부가기준)

저작권법 시행령[시행 2018.8.23.][대통령령 제28251호,2017.8.22.,일부개정]

◇ 개정이유 및 주요내용
「식품위생법 시행령」에 따른 **휴게음식점 중 커피 전문점** 등을 영위하는 영업소, 「체육시설의 설치·이용에 관한 법률 시행령」에 따른 **체력단련장** 또는 「유통산업발전법」에 따른 **대규모점포 중 전통시장을 제외한 대규모점포**에서 상업용 음반 등을 재생하여 공중에게 공연하는 때에는 청중 등으로부터 해당 공연에 대한 반대급부를 받지 아니하는 경우에도 저작재산권자가 공연권을 행사할 수 있도록 하여 저작재산권을 합리적으로 보호하려는 것임.
〈법제처 제공〉

분배규정 제3장 공연사용료
제15조(공연사용료의 구분 및 분배기)
제16조(유흥·단란주점 사용료 분배방법)
제17조(노래연습장 사용료 분배방법)
제18조(게임방, 노래교실, 주민센터 사용료 분배방법)
제19조(레스토랑 및 무도장 등의 사용료 분배방법)
제20조(호텔, 백화점 등의 사용료 분배방법)
제21조(기타 공연사용료의 분배방법)

음저협의 2021년 공연 매체별 사용료 징수실적을 알아보면, 총 공연사용료 257.6억원 중 무대공연(콘서트 및 연주회 등)이 14억, 노래반주기(노래연습장, 유흥·단란주점, 레스토랑)가 202억, 기타공연이 41억으로 공연사용료의 징수 비중이 노래반주기, 기타공연, 무대공연 순으로 나타났다.*

2021년 공연 매체별 사용료 징수실적

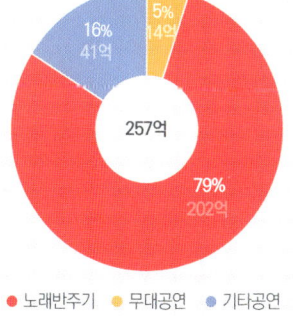

공연사용료 징수 추이(3개년)

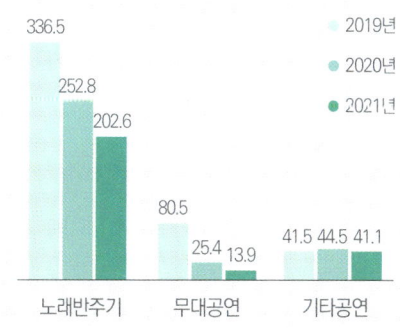

* 음저협 > 협회현황 > 연간 징수 통계자료 > 2021 KOMCA 저작권료 징수 통계자료

2019년 458.5억원이었던 공연사용료의 징수가 줄어든 데에는 2020년 코로나19의 유행으로 인한 사회적 거리두기 정책의 영향이 가장 큰 이유이다.

"공연"이라는 이용형태와 그 공연이 이루어지는 장소의 특성상 코로나19가 확산되기 시작한 2020년부터 공연사용료가 지속적으로 감소했으며 특히 콘서트와 축제 등의 공연취소로 인해 무대공연 사용료가 크게 감소한 것을 알 수 있다.

> 예술경영지원센터 공연예술통합전산망(KOPIS)*에 따르면 2020년 하반기 공연계 총 매출은 745억원으로 전년도 동일 기간인 2019년도 하반기의 1,936억원에 비해 약 61.6% 감소했다. 이는 사실상 공연 3개 중 2개가 무대에 오르지 못한 셈이다.

음저협은 2021 KOMCA 저작권료 징수통계를 통해 "2022년도에는 코로나19 진정세에 따른 거리두기 정책 완화를 기대하며 그간 연기됐던 공연들이 진행될 것과 온라인 공연 징수규정 신설 등으로 무대공연 징수금액이 증가할 것"이라고 예상했다.

징수규정 제6조의2(온라인 공연) 2022년 8월 23일 신설

① 온라인으로 제6조 제1항 각호의 연주회 등을 하는 경우 1회 사용료는 다음과 같다(이하 이 규정에서 별도로 정하지 않은 사항은 제6조를 준용한다).

---

* 공연예술통합전산망(Korea Performing Arts Box Office Information System, KOPIS)

1. 매출이 있는 공연 : 제6조 제1항 각호의 산식을 적용한다.
2. 매출이 없는 무료공연

   제6조 제1항 1호 : 이용자 수 × 60원 × 음악저작물 관리비율
   제6조 제1항 2호 : 이용자 수 × 40원 × 음악저작물 관리비율
   제6조 제1항 3호 : 이용자 수 × 20원 × 음악저작물 관리비율

   비고1) 온라인 공연이란 제6조 제1항 각호의 연주회 등을 온라인으로 하는 것을 말하며(해당 공연이용자를 대상으로 1회에 한하여 재방송[리스트리밍], 지연송출[딜레이스트리밍] 등을 하는 경우를 포함한다.) 징수규정 제3장 방송사용료, 제4장 전송사용료, 제5장 웹캐스팅의 적용을 받는 서비스는 제외한다.
   비고2) 이용자 수란 중복되지 않은 온라인 공연을 이용한 자의 수를 말하며(온라인 공연의 특성을 감안하여 1인의 멀티뷰는 1인으로 본다.), 이용자 수를 파악하기 어려운 때에는 상호 협의하여 정한다.
   비고3) 제6조를 준용하는 경우 이용자 수는 제6조의 좌석수로 본다.

② 제1항과 제6조 제1항 각호의 연주회 등이 혼합(결합)된 공연의 경우는 각각의 사용료를 합산한 금액으로 정산한다. 다만, 각각의 이용료(입장료 등)를 구분하지 않은 경우에는 총 매출액과 총 이용자 수로 사용료를 정산한다.

이 책에서는 공연사용료 중 콘서트, 연주회 등의 무대공연에 대한 음악저작권사용료 징수와 영업장의 경우에는 주 사용형태인 유흥·단란, 노래연습장의 공연사용료 징수 및 분배 방법에 대해 살펴보고자 한다.*

---

* 콘서트 및 연주회 등의 무대공연은 매월 징수한 사용료를 익월에 분배하며, 분배는 복제, 전송 등과 같이 징수된 사용료에서 수수료를 공제한 후 분배하는 방식으로 이루어진다.

(1) 연주회 등

음악저작물에 관한 "공연"이라고 하면 우리는 가장 먼저 "콘서트"를 떠올릴 것이다. 'A가수 전국투어 콘서트 개최', 'B가수 단독 콘서트 전석매진'과 같은 뉴스를 수시로 듣고, 특히 연말이 되면 여러 유명가수의 대형 콘서트나 디너쇼에 대해 알리는 홍보 현수막을 거리에서 볼 수 있다.

이와 같이 연주회나 콘서트를 개최하면 그 무대에서 사용되는 음악저작물의 저작권사용료는 해당 공연을 기획하여 수익을 취하는 기획사 또는 대행사 등이 "그 공연으로 인해 발생한 매출에 기반"하여 공연사용료를 부담한다.

음저협은 징수규정 제6조 제1항 내지 제5항을 통해 무대공연의 음악저작권사용료에 대한 산정 방법 및 기준을 마련하고 있다.

징수규정 제6조(연주회 등)

① 연주회 등에서 입장료 등 매출이 있는 공연 1회 사용료는 다음과 같다. 다만, 매출이 없는 무료공연의 사용료는 입장료를 2,000원으로 간주하고 좌석수를 곱하여 산출된 금액을 매출액으로 하여 아래 산식에 따라 계산한다.

1. 콘서트, 디너쇼, 연주회 등 음악의 제공을 주된 목적으로 하는 공연 :
   매출액×3%(음악사용료율)×음악저작물관리비율
2. 악극, 뮤지컬, 오페라, 발레 등 연극적 요소와 결합한 공연 :
   매출액×2%(음악사용료율)×음악저작물관리비율
3. 패션쇼, 서커스, 무용회, 아이스스케이트쇼 등 음악을 부가적으로 사용하는 공연 :
   매출액×1%(음악사용료율)×음악저작물관리비율

연주회 등의 공연사용료는 매출액에 음악사용료율과 음악저작물관리비율을 곱하여 산정하게 되는데 여기서 음악사용료율은 콘서트, 연주회가 3%로 가장 높고 패션쇼, 서커스 등에서의 사용료율이 1%로 가장 낮다.

또한 매출액은 총 입장료 수입에서 부가가치세 및 입장료 판매 대행수수료를 공제하되 협찬 및 기부금 등은 포함한다(제6조 제1항 비고1). 그리고 만약 매출이 없는 무료공연의 경우에는 한 좌석당 입장료를 2,000원으로 간주하고 해당 좌석수를 곱하여 매출액을 구한다(동조 동항 단서).

구분	계산식			
공연 사용료	음악 제공이 주된 목적인 공연 (예. 콘서트, 디너쇼, 연주회 등)	매출액	× 음악사용료율 3%	× 음악저작물관리비율
	연극적 요소와 결합한 공연 (예. 악극, 뮤지컬, 오페라, 발레 등)	매출액	× 음악사용료율 2%	× 음악저작물관리비율
	음악을 부가적으로 사용하는 공연 (예. 패션쇼, 서커스, 무용회 등)	매출액	× 음악사용료율 1%	× 음악저작물관리비율

매출액

총 입장료 수입(협찬 및 기부금 등 포함) − 입장료 판매 대행수수료 및 부가가치세

입장료	유료		해당 입장료
	무료		입장료 2,000원으로 간주
	입장료 5,000원 미만		입장료 5,000원으로 간주
	초대권	입장료 액면가 있음	입장료 액면가의 80%
		입장료 액면가 없음	입장료 5,000원으로 간주

※ 공연에서 사용하는 음악저작물은 공연별 사용 음악목록이 명확하고 그 수도 한정되어 있으므로 음저협의 관리여부가 명확하게 확인 가능하다. 그러므로 공연의 경우, 법원의 판결을 참고한 최소 관리비율 80%를 적용하지 않도록 한다.

예를 들어, 입장료가 11만원인 콘서트가 개최되어 총 입장료 수입이 대략 5억원이고 판매 대행수수료가 2,500만원*일 경우, 해당 수수료와 부가세를 공제한 공연 매출액은 총 43,181만원(약 4억3천만원)이 된다.

총 입장료 수입(협찬 및 기부금 등 포함) − 입장료 판매 대행수수료 및 부가가치세

매출액 = (500,000,000원 − 25,000,000원) ÷ 1.1* = 431,818,181.82원
→ 약 431,818,181원

그리고 **콘서트**는 '음악 제공이 주된 목적'이므로 제6조 제1항 제1호에 있는 **음악사용료율 3%**를 적용하고 콘서트에서 공연된 곡 모두가 음저협의 관리저작물인 것으로 가정하여 음악저작물관리비율 100%를 대입하면 이 콘서트의 1회 공연사용료는 총 1,295만원이다.

매출액 × 3%(음악사용료율) × 음악저작물관리비율

공연사용료 = 431,818,181원 × 3% × 100% = 12,954,545.43원
→ 약 12,954,545원

---

* 판매 대행수수료는 각 공연별 대행사에 따라 상이하며 이 책에서는 총 입장료 수입의 약 5%로 임의 적용하였다.

** 공급가액 = 총매출 − 부가세10% 또는 공급가액 = 총매출 ÷ 1.1로 계산한다.

다만, 이 산정결과는 초대권의 여부를 반영하지 않은 것으로 징수규정 제6조 제1항 비고2)에서와 같이 전체 좌석수의 20%미만으로 초대권이 배부되었을 경우에는 전체 관객수와 초대권 액면가 기입여부 및 배부수 등의 정보가 필요하다.

이렇게 산정된 공연사용료는 해당 공연에서 사용한 곡의 수를 기준으로 분배가 이루어진다. 이는 복제, 전송사용료의 분배와 같이 총 사용된 곡수와 저작권 보유 저작물의 수에 따른 분배산정 방식이다.

만약 **앞의 콘서트에서 사용된 곡이 총 20곡이라면 각 곡별 저작권 사용료는 약 647,000원이며, 그중 A작가가 100% 저작권을 보유한 음악저작물 2곡이 포함되어 있을 경우, 이 콘서트의 1회 공연으로 A작가에게는 1,290,000원의 공연사용료가 발생한다.**

곡당 공연사용료

총 공연사용료 ÷ 총 공연곡수 × 지분율

곡당 공연사용료 = 12,954,545원 ÷ 20곡 × 100% = 647,727.25원
→ 약 647,727원

A작가 저작권료 = 647,727원 × 2곡 × 100% = 1,295,454원

(2) 영업장

음저협의 2021년 저작권 징수통계에 따르면 총 공연사용료 257억원 중 202억이 노래연습장, 유흥주점, 레스토랑, 단란주점 영업장에서의 노래반주기 공연사용료로, 이는 전체 공연사용료 징수액의 79%에 해당하는 금액이다.

2021년 공연사용료

구분	징수금액(원)	비중
무대공연사용료	1,395,597,379	무대공연 14억, 5%
유흥주점사용료	7,420,410,855	노래반주기 202억, 79%
레스토랑사용료	514,962,905	
단란주점사용료	2,498,087,967	
노래연습장사용료	9,826,635,473	
센터유원시설 및 전문체육시설	193,986,590	기타공연 41억, 16%
무도장사용료	92,880,771	
유선공연사용료	60,000,000	
센터유선공연사용료	2,412,353,580	
상영권등공연사용료	249,731,470	
기타공연사용료	1,098,873,939	
합계	25,763,520,929	공연 257억, 100%

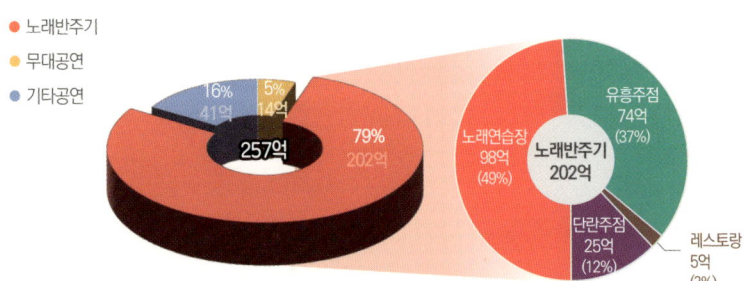

유흥주점 등 공연사용료의 징수

노래반주기 주요 영업장인 유흥주점, 단란주점, 노래연습장은 2022년 12월 31일을 기준으로 유흥주점 26,268곳, 단란주점 12,182곳, 노래연습장 29,158곳으로 노래반주기 공연사용료 197억(레스토랑 제외)에 대한 총 영업장은 67,608곳이다*.

이러한 노래반주기 공연사용료의 징수에 대해 음저협은 징수규정 제7조(영업장) 제1항 내지 제10항에 각 매장별 저작권사용료 산정 기준을 명시하고 있다. 각 영업장의 징수 기준에 대해 간략하게 살펴보면 다음의 표와 같다.

징수규정 제7조(영업장)

	구분	기준	비고
1항	유흥주점 및 극장식 식당	영업허가 면적	
2항	단란주점	영업허가 면적	
3항	무도학원, 에어로빅장, 노래교실 등	수강생 수	
4항	무도장, 카바레, 스탠드바 등	영업허가 면적	
5항	노래연습장	방1개당 면적	
6항	레스토랑, 커피숍, 카페, 뷔페 등	영업허가 면적	생음악 공연 (라이브 공연)

* 행정안전부 지방행정 인허가 데이터 LOCALDATA

구분		기준	비고
7항	게임방, 멀티방 등	기기 1대당	댄스게임기, 멀티기기 등
8항	주민자치센터, 문화센터 등	수강생 수	지방자치단체 운영, 비영리 목적
9항	커피 전문점, 기타 비알코올 음료점 등	영업허가면적	음반 재생 등 (위 6항과 구분)
10항	체력단련장	영업허가면적	

그중 유흥주점은 제1항, 단란주점은 제2항, 노래연습장은 제5항에서 규정하고 있으며 영업허가면적에 따라 월정액을 부과한 후 음악저작물관리비율을 적용하는 방식이다.

징수규정 제7조(영업장)

① 나이트클럽, 룸살롱 등의 유흥주점 및 극장식 식당에서의 공연사용료는 다음 기준에 음악저작물관리비율을 적용하여 징수한다.

등급	영업허가면적	월정액(원)	비고
1	66㎡ 미만	31,000	농어촌 지역의 읍·면 단위에서는 1등급씩 하향 적용한다. (1등급 제외)
2	66㎡ 이상 99㎡ 미만	40,000	
3	99㎡ 이상 132㎡ 미만	49,000	
4	132㎡ 이상 165㎡ 미만	58,000	
5	165㎡ 이상 198㎡ 미만	68,000	
6	198㎡ 이상 매 33㎡ 초과 시마다	9,000원씩 추가 최고 287,000원	

② 단란주점에서의 공연사용료는 다음 기준에 음악저작물관리비율을 적용하여 징수한다.

등급	영업허가면적	월정액(원)	비고
1	66㎡ 미만	27,000	농어촌 지역의 읍·면 단위에서는 1등급씩 하향 적용한다. (1등급 제외)
2	66㎡ 이상 99㎡ 미만	35,000	
3	99㎡ 이상 132㎡ 미만	43,000	
4	132㎡ 이상 165㎡ 미만	52,000	
5	165㎡ 이상 198㎡ 미만	60,000	
6	198㎡ 이상 매 33㎡ 초과 시마다	8,000원씩 추가 최고 230,000원	

〈중간생략〉

⑤ 노래연습장에서의 공연사용료는 방 1개당 면적별 월정액을 합산한 총액에 음악저작물관리비율을 적용하여 징수한다.

등급	영업허가면적	월정액(원)	비고
1	6.6㎡ 미만	5,000	농어촌 지역의 읍·면 단위에서는 방당 500원씩 감한다.
2	6.6㎡ 이상 13.2㎡ 미만	6,000	
3	13.2㎡ 이상 19.8㎡ 미만	7,000	
4	19.8㎡ 이상	8,000	

앞에서 살펴본 유흥주점, 단란주점, 노래연습장의 2021년 공연사용료는 총 197억원(레스토랑 5억원 제외)이다. 각 영업장 유형별 징수금액은 유흥주점이 74억원, 단란주점이 25억원, 노래연습장이 98억원인데 각 등록업소수를 기준으로 역산하면, 업소별 연간 공연사용료를 예상할 수 있다. 그리고 12개월로 나눌 경우에는 각 업소별로 매월 납부하는 공연사용료를 알 수 있는데 2021년 월간 공연사

용료가 유흥주점은 23,540원, 단란주점은 17,088원, 노래연습장은 28,084원인 것으로 산정된다.

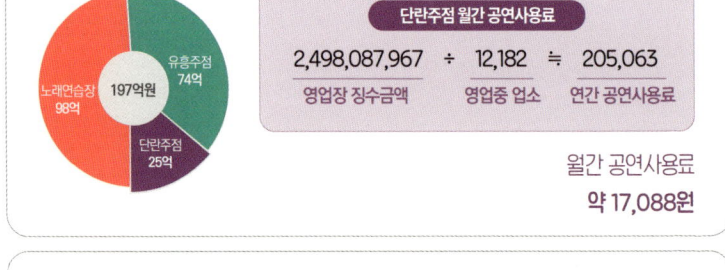

그러나 산정 결과 중 유흥주점과 단란주점의 월 납부금액인 23,540원과 17,088원은 징수규정 제7조 중 제1항과 제2항에서 규정하고 있는 월정액의 하한액인 31,000원과 27,000원보다 낮은 금액이다.

징수규정 제7조(영업장)

구분		영업허가면적	월정액(원)
1항	유흥주점	66㎡ 미만	31,000원
2항	단란주점	66㎡ 미만	27,000원

이는 국내에 코로나19가 유입된 2020년 이후, 코로나 확산 예방을 위한 거리두기 강화와 집합금지 명령이 시행된 까닭에 유흥 및 단란주점의 경우 정상적인 영업이 어려웠기 때문인 것으로 파악된다.

수도권 중점관리시설 등 집합금지 조치[*]

① 적용 지역
  ○ 서울특별시, 인천광역시, 경기도
② 적용 대상
  ○ (대상) 중점관리시설 등
    - 클럽·룸살롱 등 **유흥주점**, 콜라텍, **단란주점**, 감성주점, 헌팅포차, **노래연습장**, 실내 스탠딩공연장, 방문판매 등 직접 판매 홍보관, 홀덤펍, 실내체육시설(실내 겨울스포츠시설 포함), 밀폐형 야외스크린골프장, 파티룸
③ 적용 기간
  ○ 2021년 1월 4일(월) 0시 ~ 2021년 1월 17일(일) 24시
④ 법적 근거
  ○ 감염병예방및관리에관한법률 제49조(감염병의 예방조치) 제1항 제2호, 제80조제7호

〈중간생략〉

---

[*] 질병관리청 국립검역소 ▶ 공지사항 "수도권 중점관리시설 등 집합금지 조치"(작성일 2021.1.4.)

> 유흥업소 4천여곳 현장 점검...*
> 집합금지 명령이 내려진 단란주점이나 클럽 등 유흥시설 4천 6백여 곳을 대상으로 현장 점검을 진행한 결과 대부분의 업소들이 문을 닫고 휴업 중이었습니다.

따라서 음저협은 징수규정 제15조에 근거하여 유흥 및 단란주점의 공연사용료에 대하여 일부 사용료를 감액 또는 면제한 것으로 예상된다.**

징수규정 제15조(공연사용료 징수의 부가기준)

제7조, 제11조 및 제12조***의 경우 영업일수가 10~20일인 경우에는 사용료의 50%를 징수하고 10일 미만이면 당해 월의 사용료를 면제한다(공적인 기관의 근거자료 필요).

그 결과 위와 같이 유흥·단란주점의 총 징수금액을 기준으로 역산한 월 납부금액이 규정상 하한액보다 낮게 산정된 것으로 사료된다.

---

* "유흥업소 4천여곳 현장 점검…서래마을 방문자 외출 자제", 김진화 기자, KBS NEWS(2020.4.10.)
** 음저협은 노래연습장(코인노래방 포함) 또한 징수규정 제15조에 해당할 경우, 해당 영업장에 대한 공연사용료를 감액 또는 면제한 것으로 예상된다.
*** 음저협 징수규정 제7조(영업장), 제11조(호텔·콘도미니엄·카지노 등에 대한 공연사용료), 제12조(대규모점포에 대한 공연사용료)

한편, 노래연습장의 공연사용료 부과 기준은 영업장의 영업허가 총면적이 아닌 노래반주기가 설치된 방 1개당 면적에 따라 월정액을 산정한다. 그러므로 징수규정 제7조 제5항의 표와 같이 방 1개당 최소 5,000원에서 최대 8,000원의 공연사용료를 책정 후 이를 합산한 금액이 해당 노래연습장이 납부해야 하는 공연사용료가 된다.

일반 노래방보다 가격이 저렴하며 코로나19로 변화하는 놀이문화를 즐기기에 좋아, 청소년들이 즐겨 찾는 코인노래방을 예로 들어보자.

요즘에는 다양한 크기의 코인노래방이 생겨나고는 있으나[*], 코인노래방이라고 하면 **전체 2평이 안되는 크기에 대략 10여 개의 방(부스)이 있는 것이 일반적이다. 이를 기준으로 징수규정 제7조 제5항에 적용하면, 해당 코인노래방은 매월 50,000원가량의 공연사용료를 납부한다.**

---

[*] "진화하는 코인 노래방, 룸 크기 다양화, 단체 고객 수용도 거뜬", 파이낸셜 뉴스 (2022.9.16.)

징수규정 제7조(영업장)

⑤ 노래연습장에서의 공연사용료는 방 1개당 면적별 월정액을 합산한 총액에 음악저작물관리비율을 적용하여 징수한다.

등급	방 면적	월정액(원)
1	6.6㎡ 미만	5,000

노래연습장 공연사용료

월정액(6.6㎡미만, 방1개당) × 노래방 개수 × 음악저작물관리비율

공연사용료/1개월 = 5,000원 × 10개 × 100% = **50,000원**

그리고 이와 별개로 **오락실 등에서 운영하는 부스형 코인노래방의 경우에는 징수규정 제7조 제5항이 아닌 동조 제7항 제1호를 적용하여 노래반주기 기기 1대당 월 3,000원의 공연사용료가 부과된다.**

징수규정 제7조(영업장)

⑦ 게임방 멀티방 등에서 노래반주기, 댄스게임기 또는 멀티기기에 의한 공연사용료는 다음 각 호의 금액에 음악저작물관리비율을 적용하여 징수한다.

  1. 노래반주기 : 기기 1대당 월 3,000원
  2. 댄스게임기 : 기기 1대당 월 2,000원
  3. 멀티기기 : 기기 1대당 월 2,000원

비고) 멀티기기란 1대의 기기로 게임, 노래, 영화감상 등을 할 수 있는 기기를 말한다.

유흥주점 등 공연사용료의 분배

음저협이 징수규정 제7조에 근거하여, 전국 67,000여개의 업소에서 징수한 197억원의 공연사용료는 분배규정 제8조 제1항에서 규정하고 있는 포괄 사용허락 방식의 분배계산법에 따라 저작권자에게 분배된다.

분배규정 제8조(영업장)

① 포괄 사용허락 방식의 분배계산 방법은 다음과 같다.

$$(각\ 저작물에\ 대한\ 분배액) = \frac{각\ 저작물의\ 분배점수}{분배대상\ 저작물의\ 분배점수의\ 합} \times 분배대상\ 사용료$$

따라서, 각 저작물에 대한 분배액은 전체 분배대상 저작물 대비 각 저작물의 분배점수를 기반으로 1/N형식으로 정한다. 그러나 분배대상 저작물 즉 67,000여개의 업소에 설치된 각 노래반주기에 사용된 전체 곡목을 정확하게 수집하는 것은 상당히 많은 시간과 비용, 인력 등이 필요하다.

이에 대해 음저협 분배규정 제16조와 제17조에서는 유흥·단란주점, 그리고 노래연습장 공연사용료의 분배를 위한 자료와 해당 자료에 대한 적용 비율 등을 각각 명시하고 있다.

제16조(유흥·단란주점 사용료 분배방법)

① 유흥·단란주점 사용료의 분배자료는 매월 수집된 다음 각 호의 자료로 한다.

1. 유흥·단란주점에 설치된 노래반주기에 녹음 수록된 관리저작물(영업용 노래반주기 판매 매출 상위 2개 업체와 연주인용 노래반주기 매출 상위 1개 업체 수록곡에 한함). 단, 노래반주기의 곡번호를 별도로 할당받아 수록된 경우에는 동일한 저작물이라 하더라도 각각을 분배대상 저작물로 한다.
2. 유흥·단란주점에 기 설치된 네트워크 기능이 장착된 온라인 노래반주기에서 수집된 전체 로그데이터.
3. 협회가 이사회 의결을 거쳐 지자체(시, 군, 구)별로 관리 업소수에 비례하여, 네트워크가 연결되지 않은 노래반주기 사용업소 중 샘플링 업소로 선정된 790개 이상 업소에서 무선통신 방식으로 수집한 로그데이터.
4. 네트워크가 연결되지 않은 노래반주기 사용업소 중 샘플링 업소로 선정된 업소에는 무선통신방식의 로그수집기를 1개씩 설치하기로 한다. 단, 샘플링 업소에서 수집한 로그데이터에 에러가 발생한 경우, 그 로그데이터는 분배 대상에서 제외하기로 한다.

제17조(노래연습장 사용료 분배방법)

① 노래연습장 사용료의 분배자료는 다음 각 호의 자료로 한다.

1. 노래연습장에 설치된 노래반주기에 녹음 수록된 관리저작물(영업용 노래반주기 판매 매출 상위 2개 업체 수록곡에 한함). 단, 노래반주기의 곡번호를 별도로 할당받아 수록된 경우에는 동일한 저작물이라 하더라도 각각을 분배대상 저작물로 한다.
2. 노래연습장에 설치된 네트워크 기능이 장착된 온라인 노래반주기에서 수집된 전체 로그데이터.
3. 협회가 이사회 의결을 거쳐 지자체(시, 군, 구)별로 관리 업소수에 비례하여, 네트워크가 연결되지 않은 노래반주기 사용업소 중 샘플링 업소로 선정된 740개 이상 업소에서 무선통신 방식으로 수집한 로그데이터.
4. 네트워크가 연결되지 않은 노래반주기 사용업소 중 샘플링 업소로 선정된 업소에는 무선통신방식의 로그수집기를 1개씩 설치하기로 한다. 단, 샘플링 업소에서 수집한 로그데이터에 에러가 발생한 경우, 그 로그데이터는 분배 대상에서 제외하기로 한다.

유흥·단란주점과 노래연습장의 노래반주기에 대한 공연사용료는 ▲각 영업장에 설치된 노래반주기에 녹음 수록된 관리저작물, ▲네트워크 기능이 장착된 온라인 노래반주기*에서 수집된 전체 로그데이터, ▲일반 노래반주기(네트워크 기능이 연결되지 않은) 사용업소 중 샘플링 업소에서 무선통신 방식으로 수집한 로그데이터 등을 분배자료로 활용한다.

　그리고 분배대상 사용료에 대한 분배자료의 적용은 제16조 및 제17조의 각 2항에서 규정하는 바에 따라 수록곡과 로그데이터의 비율을 30% 대 70%로 한다.

제16조(유흥·단란주점 사용료 분배방법)·제17조(노래연습장 사용료 분배방법)

② 전 항에서 정한 분배대상 사용료의 분배자료 적용 비율은 다음과 같다.

수록곡	네트워크가 연결된 노래반주기에서 수집된 전체 로그데이터	네트워크가 연결되지 않은 노래반주기 중 샘플링 업소에서 수집된 로그데이터
30%	70%	

---

* 노래반주기 제작 시 네트워크 기능을 장착한다.

〈유흥·단란주점〉

먼저, 분배규정 제16조에서 규정하고 있는 유흥·단란주점 사용료의 분배방법을 자세히 살펴보자.

만약 2021년 공연사용료 징수금액을 기준으로 한다면 1년간 유흥주점과 단란주점에서 징수한 99억원 중 30%인 약 29.7억원은 노래반주기에 수록된 곡을 기준으로 분배가 되며 여기서 반주기 수록곡은 제16조 제1항 1호에 명시된 것과 같이 "영업용 노래반주기 판매매출 상위 2개 업체와 연주인용 노래반주기 매출 상위 1개 업체 수록곡"으로 선정한다.

수록곡	네트워크가 연결된 노래반주기에서 수집된 전체 로그데이터	네트워크가 연결되지 않은 노래반주기 중 샘플링 업소에서 수집된 로그데이터
30%	70%	

| 유흥주점 | 7,420,410,855 × 30% = 2,226,123,257원 ≒ 22.2억 | 제16조 제2항 |
| 단란주점 | 2,498,087,967 × 30% = 749,426,390원 ≒ 7.5억 | |

노래반주기 음악저작물 수록현황과 관련해, 2017년 한 신문기사*를 참고하면 업체마다 다르기는 하겠지만 노래반주기 업체당 평균적으로 보유하고 있는 곡은 2017년 당시 30,000곡이었던 것으로

---

* "[단독]KY금영그룹, 음악 저작권료 1년째 체납", 백주연 기자, 서울경제(2017.8.15.)

짐작할 수 있다. 여기에 2021년 TJ미디어 사업보고서*에 따라 매달 200곡 이상, 연간 2,400곡이 신곡으로 제작되었을 때, 2017년 이후 5년이 지난 현재 보유곡은 최소 10,000곡 이상이 추가되어 약 40,000곡 이상일 것으로 짐작할 수 있다.

이를 근거로 하여, 만약 A작가가 저작권 100%를 보유한 음악저작물이 유명·인기곡으로 영업용노래반주기 매출상위 2개사와 연주인용 노래반주기 매출상위 1개사의 노래반주기에 수록되어 3곡이 공연사용료 분배대상이라면, 2021년 유흥주점과 단란주점의 공연사용료 중 분배규정 제16조 제2항의 "수록곡"에 근거한 A작가의 연간 저작권사용료 분배금은 약 74,000원이다.

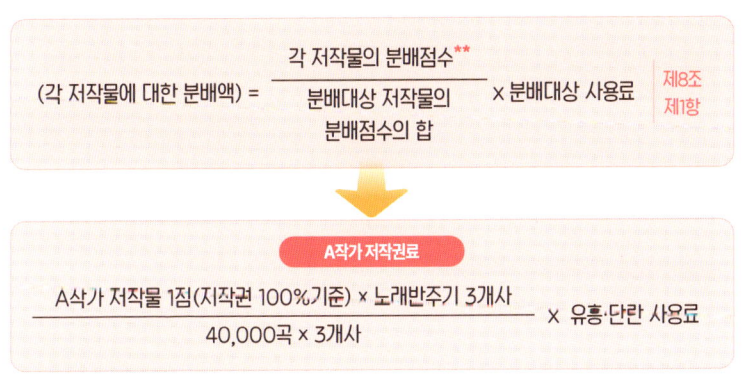

---

* [TJ미디어] 사업보고서(일반법인) (2022.3.14.) Ⅱ. 사업의 내용 〉 7. 기타 참고사항 〉 나. 사업부문별 현황 〉 (2)반주기 음악콘텐츠 부문 **"당사는 매월 200여곡 이상의 신곡을 제작하고 있으며(국내 기준)**, 이렇게 제작된 신곡 콘텐츠를 일정 비용을 받고 가정용 반주기 혹은 업소용 반주기 구매 고객에게 판매하고 있습니다."〈출처: 기업공시채널 KIND〉
** 분배점수는 1곡당 보유저작권 100%를 기준으로 1점을 부과하였다.

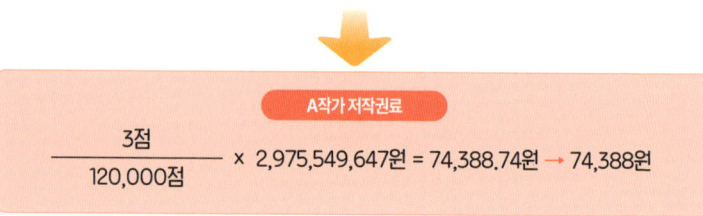

그리고 나머지 약 69.4억원은 유흥주점과 단란주점에서 실제로 불린 곡에 대하여 분배가 이루어지는데, '실제 불린 곡'의 확인을 위해 온라인(네트워크 기능 장착 노래반주기)과 오프라인(무선통신 방식)으로 수집된 음악저작물 사용현황(로그데이터)이 활용된다.

수록곡	네트워크가 연결된 노래반주기에서 수집된 전체 로그데이터	네트워크가 연결되지 않은 노래반주기 중 샘플링 업소에서 수집된 로그데이터
30%	70%	

유흥주점 7,420,410,855 × 70% = 5,194,287,599원 ≒ 51.9억   제16조 제2항
단란주점 2,498,087,967 × 70% = 1,748,661,577원 ≒ 17.5억

분배규정 상 유흥주점과 단란주점의 분배자료는 동일 자료를 사용하도록 하고 있으므로 유흥·단란주점의 금액을 합산한 69.4억원을 기준으로 온·오프라인의 비율을 산정할 수 있다.

그런데 온라인과 오프라인 반주기에서 사용된 음악저작물에 대한 전체 로그데이터가 공개되어 있지 않다. 따라서 전체 69.5억에 대한 온라인과 오프라인의 비율은 서울고등법원 2019나2016954 판결[*]에서 언급된 "오프라인으로 로그데이터가 수집되는 반주기는 1,697대로서 로그데이터 수집비율은 약 31%에 불과하다"라는 내용을 참고하여 31% : 69%로 적용하도록 한다.

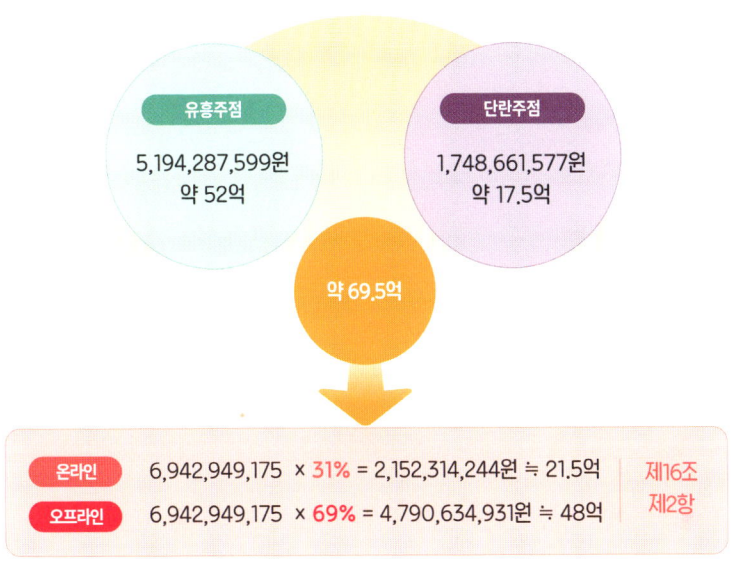

---

[*] 대법원 2022.11.17. 선고 2019다283725 판결; 서울고등법원 2019. 9. 26. 선고 2019나2016954 판결; 서울중앙지방법원 2019. 2. 18. 선고 2018가합577411 판결 등.

따라서 유흥·단란주점의 노래반주기에서 사용된 곡에 대한 공연사용료와 관련하여, 온라인과 오프라인의 사용곡에 대한 분배금액은 21.5억과 48억을 각각 적용하여 산정하도록 한다.

유흥·단란주점의 수록곡과 온·오프라인 반주기 분배금액을 정리하면 다음의 표와 같다. 다만, 온라인 및 오프라인 반주기의 로그데이터의 비율은 임의 적용한 비율로써 실제 분배비율과 차이가 있다.

구분	징수금액	30% 수록곡 분배금액	70% 사용곡	
			온라인반주기 분배금액(31%)	오프라인반주기 분배금액(69%)
유흥주점	7,420,410,855	2,226,123,257	1,610,229,156	3,584,058,443
단란주점	2,498,087,967	749,426,390	542,085,089	1,206,576,488
합계	9,918,498,822	2,975,549,647	2,152,314,244	4,790,634,931

〈노래연습장〉

2021년 98억원이 징수된 노래연습장 공연사용료에 대한 분배 또한 분배자료 및 해당 자료의 적용 비율 등이 유흥·단란주점과 유사하다. 그러나 노래연습장에 설치된 노래반주기에 녹음 수록된 관리저작물의 경우, 유흥·단란주점과 달리 **영업용 노래반주기 판매매출 상위 2개 업체의 수록곡만을 활용하며 연주인용 노래반주기는 제외한다.**

제17조 (노래연습장 사용료 분배방법)

① 노래연습장 사용료의 분배자료는 다음 각 호의 자료로 한다.
1. 노래연습장에 설치된 노래반주기에 녹음 수록된 관리저작물 **(영업용 노래반주기 판매 매출 상위 2개 업체 수록곡에 한함).**

제16조 (유흥·단란주점 사용료 분배방법)

① 유흥·단란주점 사용료의 분배자료는 매월 수집된 다음 각 호의 자료로 한다.
1. 유흥·단란주점에 설치된 노래반주기에 녹음 수록된 관리저작물(**영업용 노래반주기 판매 매출 상위 2개 업체와 연주인용 노래반주기 매출 상위 1개 업제 수록곡에 한함).**

이를 바탕으로, 만약 A작가가 저작권 100%를 보유한 음악저작물이 영업용 노래반주기 판매매출 상위 2개 업체에 모두 수록되었다면, 노래연습장으로부터 발생한 A작가의 연간 저작권사용료 분배금은 약 73,000원이다.

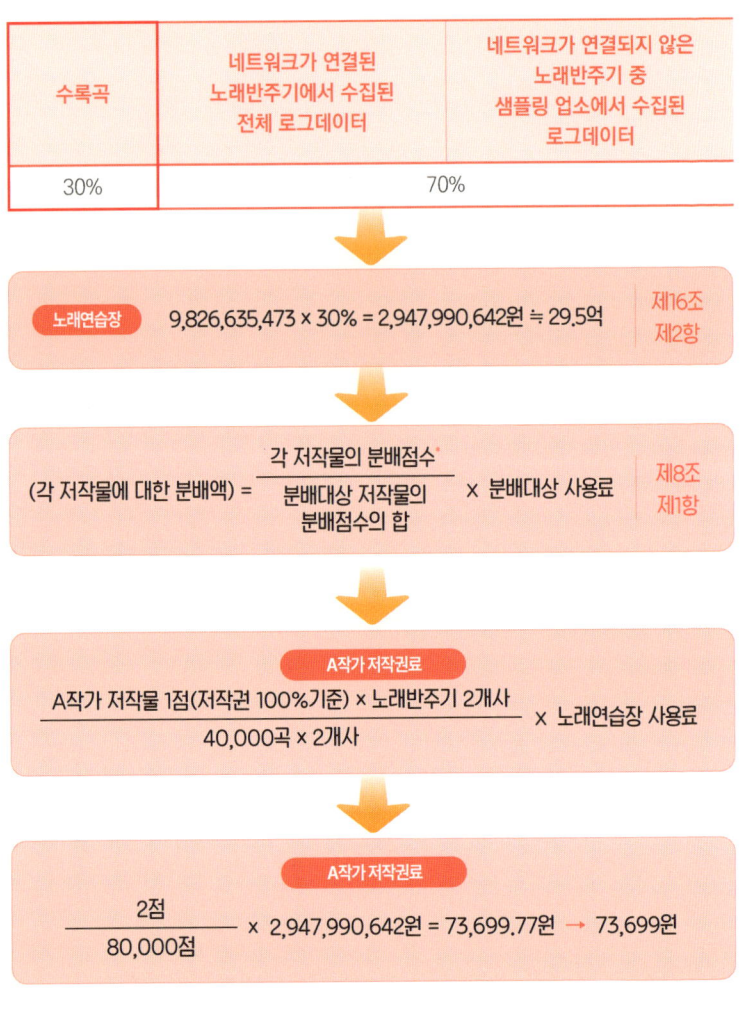

* 분배점수는 1곡당 유흥·단란주점과 동일한 방식으로 보유저작권 100%를 기준, 1점을 부과하였다.

여기에서의 공연사용료는 노래반주기의 전체 공연사용료 중 30%에 해당하는 금액에서 분배되는 '수록곡'에 대한 사용료이다. 이를 제하고 나머지 70%가 노래반주기에서 음악저작물이 사용되는 것에 따라 분배받게 되는 공연사용료인데 이는 노래반주기에서 온·오프라인으로 수집된 로그데이터에 의해 결정된다.

유흥·단란주점에서와 마찬가지로 노래연습장에 설치된 노래반주기의 공연사용료 중 수록곡 30%를 제한 약 68억원에 대해서도 온·오프라인의 로그데이터 비율을 31% : 69%로 적용하면, 사용곡에 대한 전체 분배사용료는 온라인 반주기 약 21억원, 오프라인 반주기 약 47억원으로 산정된다.

구분	징수금액	30% 수록곡 분배금액	70% 사용곡	
			온라인반주기 분배금액(31%)	오프라인반주기 분배금액(69%)
노래연습장	9,826,635,473	2,947,990,642	2,132,379,898	4,746,264,933

앞의 내용을 정리하면, **유흥·단란주점과 노래연습장에서 연간 징수한 197억원 중 노래반주기 수록곡에 대한 분배금액은 약 59억원(유흥·단란 29.7억원, 노래연습장 29.5억원)이며 이를 제한 약 138억원이 노래반주기에서 사용된 곡에 대한 분배금액이 된다.**

그리고 사용곡에 대한 분배는 온·오프라인으로 수집된 노래반주기 로그데이터에 의해 이루어지는데 138억에 대해 온라인과 오프라인의 비율이 각각 31%와 69%를 차지한다.

구분	징수금액	30% 수록곡 분배금액	70% 사용곡	
			온라인반주기 분배금액(31%)	오프라인반주기 분배금액(69%)
유흥·단란주점	9,918,498,822	2,975,549,647	2,152,314,244	4,790,634,931
노래연습장	9,826,635,473	2,947,990,642	2,132,379,898	4,746,264,933
합계	19,745,134,295	5,923,540,289	4,284,694,142	9,536,899,864

따라서 온라인에서 수집된 로그데이터로 31%의 사용료를 분배한다면 약 42.8억원이 유흥·단란주점 및 노래연습장에서 사용된 곡에 분배되고 저작물별 분배금은 음악저작물이 노래반주기에서 사용된 횟수에 비례한다.

그러나 **분배규정 제16조(유흥·단란주점 사용료 분배방법) 제2항 비고2)와 제17조(노래연습장 사용료 분배방법) 제2항 비고2)에서는 로그데이터가 분배자료로 활용될 수 있는 곡의 사용횟수를 제한하고 있다.**

제16조
(유흥·단란주점 사용료 분배방법)
제2항 비고2)

노래반주기에서 수집하는 로그데이터 중 다음의경우는 분배대상에서 제외한다.

〈중간생략〉

6. 노래반주기에서 수집하는 로그데이터 중 **반주기당 7,601회 이상 사용된 로그데이터.**

제17조
(노래연습장 사용료 분배방법)
제2항 비고2)

노래반주기에서 수집하는 로그데이터 중 다음의경우는 분배대상에서 제외한다.

〈중간생략〉

6. 노래반주기에서 수집하는 로그데이터 중 **반주기당 9,601회 이상 사용된 로그데이터.**

해당 규정에서는 유흥·단란주점에서는 반주기당 7,601회 이상 사용된 로그데이터, 노래연습장에서는 반주기당 9,601회 이상 사용된 로그데이터를 사용하지 않는 것으로 명시하고 있다. 이로써 **공연사용료의 분배를 위해 매월 수집되는 로그데이터 중에서 유흥·단란주점은 반주기 1대당 7,600회까지, 노래연습장은 9,600회까지 사용된 로그데이터만 유효한 것으로 판단한다.**

그런데 반주기당 월 7,000회의 로그데이터가 발생한다는 것은 음악저작물 한곡당 길이를 3분으로 계산했을 때 1개월(30일 기준)동안 매일 11시간씩 쉬지 않고 반주기가 사용되는 것을 의미한다. 어떠한 유흥·단란주점도 이렇게 반주기당 이러한 수치가 나올 수 있도록 영업을 하는 것은 불가능하며 노래연습장의 월 9,000회 또한 마찬가지일 것이다.*

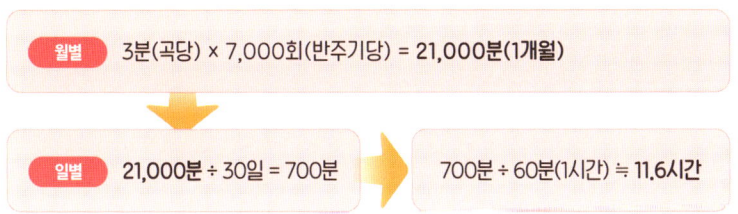

따라서 만약 하루에 각 반주기당 평균 4시간 정도 사용된다고 가정할 때 반주기 1대당 발생하는 로그의 수는 월 최대 2,400회가 된다.

---

* 방송에서의 공연사용료 산정에서와 같이 한곡당 길이를 2분씩 계산했을 때는 노래 사용횟수는 이보다 더 증가한다.

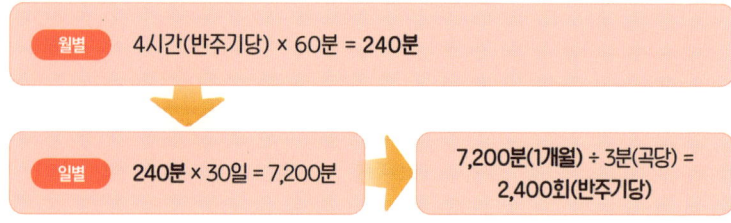

　이를 바탕으로 온라인에 연결된 노래반주기 104,243대*에서 2,400회의 로그데이터가 수집된다면 매월 약 2억5천 건 정도의 로그데이터가 발생한다고 볼 수 있으며, 연간 로그데이터는 약 30억 건에 이른다.

　이렇게 산정된 로그데이터를 유흥·단란주점 및 노래연습장의 온라인 노래반주기에 해당하는 분배금액 약 42억원에 적용할 경우, 음악저작물 1곡이 1회 사용되었을 때마다 해당 저작물의 공연사용료는 1.43원가량씩 분배된다.

---

* 서울고등법원 2019. 9. 26. 선고 2019나2016954 판결에서 법원은 "2017년 5월 기준 국내 노래 반주기는 총 341,416대인데, 그중 **온라인으로 로그데이터가 수집되는 반주기는 104,243대**, 오프라인으로 로그데이터가 수집되는 반주기는 1,697대로서 로그데이터 수집비율은 약 31%에 불과한 반면, 약 69%에 달하는 235,476대의 노래 반주기는 로그데이터 수집을 위한 자료로 사용되지 못하고 있는 실정인바, 국내의 모든 노래 반주기에서 로그데이터를 수집하여 음악저작물의 실제 이용비율을 정확하게 파악하는 것은 시간과 비용 측면에서 현실적으로 어려움이 있어 보인다."고 설시한 바 있다.

월별 로그데이터 2,400회(반주기당) × 104,243대 = 250,183,200회(1개월)

연간 로그데이터 250,183,200회(1개월) × 12개월 = 3,002,198,400회(1년)

구분	징수금액	30% 수록곡	70% 사용곡	
		분배금액	온라인반주기 분배금액(31%)	오프라인반주기 분배금액(69%)
유흥·단란주점	9,918,498,822	2,975,549,647	2,152,314,244	4,790,634,931
노래연습장	9,826,635,473	2,947,990,642	2,132,379,898	4,746,264,933
합계	19,745,134,295	5,923,540,289	4,284,694,142	9,536,899,864

온라인반주기 곡별 공연사용료
연간 온라인 분배금액 ÷ 연간 온라인 로그데이터
4,284,694,142원 ÷ 3,002,198,400회 = 1.43원

그리고 남은 오프라인반주기 분배금액 약 95억원은 분배규정 제16조 제1항 제3호 및 제17조 제1항 제3호에 근거하여 유흥·단란주점은 샘플로 선정된 790개 업소, 노래연습장은 740개 업소에서 수집된 로그데이터를 활용하여 분배한다.

제16조
(유흥·단란주점 사용료 분배방법)
제1항 제4호

① 유흥·단란주점 사용료의 분배 자료는 매월 수집된 다음 각 호의 자료로 한다.

〈중간생략〉

3. 협회가 이사회 의결을 거쳐 지자체(시, 군, 구)별로 관리 업소 수에 비례하여, 네트워크가 연결되지 않은 노래반주기 사용 업소 중 **샘플링 업소로 선정된 790개 이상 업소에서 무선통신 방식으로 수집한 로그데이터.**

제17조
(노래연습장 사용료 분배방법)
제1항 제4호

① 노래연습장 사용료의 분배 자료는 다음 각 호의 자료로 한다.

〈중간생략〉

3. 협회가 이사회 의결을 거쳐 지자체(시, 군, 구)별로 관리 업소 수에 비례하여, 네트워크가 연결되지 않은 노래반주기 사용 업소 중 **샘플링 업소로 선정된 740개 이상 업소에서 무선통신 방식으로 수집한 로그데이터.**

오프라인반주기 또한 온라인반주기와 동일하게 매일 4시간씩 매월 30일 동안 반주기 1대당 2,400회의 로그데이터가 수집되는 것으로 가정할 때, 유흥·단란주점 및 노래연습장의 샘플링 노래반주기 총 1,530대*로부터 연간 수집된 로그데이터는 4,400만회이다. 해당 로그데이터를 오프라인반주기 분배금액인 약 95억원에 적용하면 음악저작물 1곡당 1회 사용에 대한 공연사용료는 약 216.43원이 되는 것을 알 수 있다.

---

* 샘플링 업소로 선정된 1,530개(유흥·단란주점 790개, 노래연습장 740개)업소의 오프라인로그데이터는 샘플링 업소당 노래반주기 1대이며, 분배규정상 오프라인로그데이터 샘플링 업소수가 명시되어 있으므로 판례가 아닌 규정 내 최소 샘플링 업소수를 참고하여 적용한다.

월별 로그데이터 2,400회(반주기당) × 1,530대(유흥·단란, 노래연습장) = 3,672,000회(1개월)

연간 로그데이터 3,672,000회(1개월) × 12개월 = 44,064,000회(1년)

구분	징수금액	30% 수록곡 분배금액	70% 사용곡	
			온라인반주기 분배금액(31%)	오프라인반주기 분배금액(69%)
유흥·단란주점	9,918,498,822	2,975,549,647	2,152,314,244	4,790,634,931
노래연습장	9,826,635,473	2,947,990,642	2,132,379,898	4,746,264,933
합계	19,745,134,295	5,923,540,289	4,284,694,142	9,536,899,864

오프라인반주기 곡별 공연사용료
연간 오프라인 분배금액 ÷ 연간 오프라인 로그데이터
9,536,899,864원 ÷ 44,064,000회 = 216.43원

다만, 위의 내용은 2022년 12월 31일 기준, 전국 약 67,608곳의 영업장*에서 약 30만대**에 이르는 모든 반주기가 하루 4시간씩 이용되는 것으로 가정했을 경우의 산정결과이다.

---

* 분배규정 제16조 및 제17조 각 1항 3호에 근거한 샘플링 업소수는 지자체별 관리 업소수에 비례하므로 영업중인 업소수가 감소할수록 샘플링 업소수 또한 감소한다. 실제로 행정안정부 지방행정 인허가 데이터(LOCALDATA) 확인 결과, 2023년 2월 28일 기준 영업중인 유흥주점 26,246곳(▼22), 단란주점 12,165곳(▼17), 노래연습장 29,124곳(▼34)으로 총 73곳이 감소했다.
** 2017년 5월 기준 총 341,416대. 서울고등법원 2019. 9. 26. 선고 2019나2016954 판결 등.

따라서, 사회적 거리두기와 집합금지 등의 여파로 인해 폐업 및 휴업을 하는 영업장의 수가 늘고, 음악저작물을 즐기는 놀이문화의 유형 또한 변화하고 있는만큼 실제 모든 영업장에서 노래반주기가 이와 같이 하루 4시간씩 매일 이용되는 경우는 드물 것으로 예상된다.

한편 노래반주기에 곡이 수록됨으로써 A작가가 받게되는 총 저작권료를 계산하면, 영업용 반주기 상위매출 2개사와 연주인용 노래반주기 매출 상위 1개 업체의 노래반주기에 A작가의 음악저작물 1곡이 모두 수록되었을 경우, 해당 저작물의 사용으로 인해 유흥·단란주점 및 노래연습장의 공연사용료 뿐만 아니라, 노래반주기의 복제사용료 또한 발생하게 된다.

징수규정 제6장 복제 및 배포 사용료 중 제33조(노래반주기)편에서 살펴본 바와 같이, 반주기 제조사 1개에서 20,000곡 사용 기준, 총 월정사용료는 2,400만원이며 수록곡 1곡에 대해서는 1,200원의 사용료가 부과된다. 따라서 반주기 제조사가 40,000곡을 사용한다면 4,400만원의 월정사용료를 납부한다*. 따라서 곡당 1,100원의 월

---

* 음저협 징수규정 제33조(노래반주기) 제1항 제2호.

관리 곡수	월정 사용료
500곡까지	600,000원
500곡 초과 1,000곡까지	1,200,000원
1,000곡 초과 20,000곡까지	매 1,000곡당 각 1,200,000원씩 가산한 금액
20,000곡 초과 시	매 2,000곡당 각 2,000,000원씩 가산한 금액

정사용료가 발생하며 A작가의 곡이 2개 회사의 반주기에 수록되었다면 해당 곡에 대한 복제사용료로 연간 26,400원(매월 2,200원씩)이 분배된다.

사용료 구분	상세(반주기당 4만곡 사용)	저작권사용료(원)
복제사용료	월정사용료 1,100원 × 반주기 2개사 × 12개월	26,400
공연사용료	유흥·단란 수록곡 1곡 × 반주기 3개사	74,390
	노래연습장 수록곡 1곡 × 반주기 2개사	73,670
합계		174,460

그러므로 **A작가의 음악저작물 1곡이 노래반주기에 수록됨으로써 발생하는 저작권사용료는 "수록곡"에 대한 복제사용료와 공연사용료가 있으며 해당 사용료의 합계액는 연간 174,460원정도이다.**

그리고 이 금액에는 "사용곡"에 대한 저작권사용료는 포함하지 않았으므로 만약 유흥·단란주점이나 노래연습장 등에서 A작가의 음악저작물이 사용된다면 그에 따른 공연사용료가 추가로 발생하게 된다.

> **참고** — 음저협 무선통신 방식 노래반주기 로그

음저협에서는 노래연습장과 유흥단란주점으로부터 무선통신 방식 노래반주기 로그를 실시간 수집하고 이를 분배자료로 활용하고 있다.

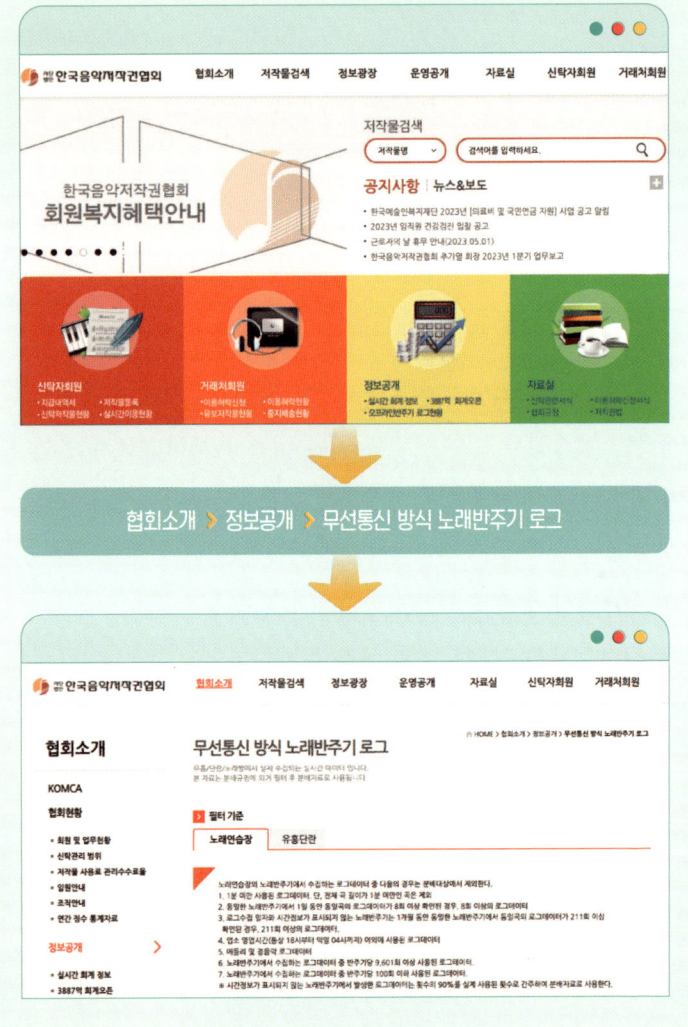

참고 — 업종별 공연사용료 대상 및 산출 관련 안내

각 매장별 기준에 따라 음악저작물의 공연사용료를 산정하는 것은 간단한 일이 아니다. 따라서 공연사용료 산정의 편의를 제공하고자 음저협뿐만 아니라 한국저작권위원회, 한국저작권단체연합회 등에서는 이와 관련한 여러 자료와 정보를 안내하고 있다.

공연사용료 산출

한국음악저작권협회 홈페이지(www.komca.or.kr)에서 업종별 공연사용료를 미리 산출할 수 있다.

- 홈페이지 > 거래처회원 > 공연사용료산출 > 업종 > 면적 혹은 수강생 수 등을 선택하면 예상 공연사용료 금액이 산출된다.

- 예) 노래연습장→19.8㎡ 이상

업종		방 1개당 면적
1. 호텔 등	6. 노래연습장	6.6㎡ 미만
2. 유흥주점	7. 라이브카페	6.6㎡ 이상 13.2㎡ 미만
3. 단란주점	8. 체력단련장	13.2㎡ 이상 119.8㎡ 미만
4. 무도학원 등	9. 커피전문점	19.8㎡ 이상
5. 무도장 등	10. 백화점 등	

A 예상 견적입니다.
예상 공연사용료 금액은 **방 1개당 월 8,000원** 입니다.

※농어촌 지역의 읍, 면 단위에서는 방당 500원씩 감한다.

공연사용료 납부대상 확인

한국저작권위원회(www.copyright.or.kr)에서 저작권법 시행령 개정(2017.8.22.)에 따른 공연사용료 납부대상을 확인 할 수 있다.

- 휴게음식점(커피전문점, 기타 비알콜음료점), 일반음식점(생맥주전문점, 기타 주점), 체력단련장에 대한 음악 공연권료(사용료, 보상금) 납부 대상 여부의 확인이 가능하다.

- 홈페이지 > 자료 > 음악 공연권료 납부대상 > 영업장 면적 > 영업 형태 > 영업(상세)한국표준산업분류코드 선택 시 납부대상 여부가 나타난다.

- 예) 50㎡ 이상→휴게음식점→커피전문점

1. 영업장 면적	2. 영업형태	3. 영업신고증상 세부영업
50㎡ 이상	1) 휴게음식점	1) 커피 전문점
50㎡ 미만	2) 일반음식점	2) 기타 비알코올 음료점
	3) 체력단련장	3) 1)~2)에 해당되지 않음
	4) 1)~3)에 해당되지 않음	

귀 업체는 이번에 확대되는 공연권료 대상입니다. 납부 방법 등은 아래의 단체에 문의하여 주시기 바랍니다.

한국음악저작권협회(지부사업팀)	함께하는음악저작인협회(신탁사업3팀)
한국음반산업협회(미디어팀)	한국음악실연자연합회(보상금사업팀)

※ 각 단체별 담당자의 연락처가 안내된다.

그 외 문화체육관광부와 한국저작권단체연합회는 「**매장음악공연권료 상담 사례집**」을 발간하여 제공하고 있다. 해당 자료는 음저협 홈페이지 우측 하단의 "매장별 공연권료 상담사례"에서 열람 및 다운로드가 가능하다.

> 참고   **저작권 이용허락**

음악저작물을 이용하기 위해서는 저작권과 저작인접권 등 해당 권리에 대한 신탁관리 단체 또는 저작자로부터 이용허락을 받아야 한다.

음악저작권 및 저작인접권 관련 협회 안내

한국음악저작권협회	https://www.komca.or.kr
함께하는음악저작인협회	http://www.koscap.or.kr
한국음반산업협회	http://www.riak.or.kr
한국음악실연자연합회	https://www.fkmp.kr
한국연예제작자협회*	http://www.kepa.net

저작물의 이용 및 양도 등에 관한 계약을 체결할 경우, 각 이용에 관한 조건과 범위 등은 물론 그에 따른 정당한 재산적 보상에 대해서도 면밀히 검토해야 한다.

이와 관련해 문화체육관광부는 저작자 또는 저작재산권 양도 및 양수인, 그리고 이용자 간에 공정한 계약 체결을 위한 "저작재산권 분야 표준계약서"(4종)을 고시하였다.

저작재산권 분야 표준계약서
[시행 2021.9.6.] [문화체육관광부고시 제2021-50호, 2021.9.6., 제정]

- 저작재산권 전부에 대한 양도계약서
- 저작재산권 일부에 대한 양도계약서
- 저작재산권 독점적 이용허락 계약서
- 저작재산권 비독점적 이용허락 계약서

---

* 2019년 문화체육관광부는 한국음반산업협회의 음반제작자 보상금 수령단체 지정을 취소하고 2020년말 한국연예제작자협회를 신규 수령단체로 선정했다. 〈참고: "한국연예제작자협회, 6800여 음반제작자 보상금 수령업무 시작", 안호천 기자, 전자신문(2021.4.1.); 한국연예제작자협회 정관 제4조(사업) 등〉

그 외에 저작권 및 저작인접권 단체는 저작물의 이용에 관한 각종 양식을 안내하고 있으며 한국저작권위원회와 한국저작권보호원 등 공공기관에서는 저작권 관련 여러 상담을 통해 저작자와 이용자의 편의를 도모하고 있다.

저작권 상담

한국저작권위원회	저작권 상담센터 1800-5455	www.copyright.or.kr
한국저작권보호원	저작권 보호상담 1588-0190	www.kcopa.or.kr

저작물의 공정한 이용과 그에 따른 적합한 보상 등을 위해서는 계약을 체결함에 있어 관련 법과 표준계약서 등을 참고하여야 하며 필요 시에는 단체 및 기관 혹은 변호사 등 해당 분야의 전문가와 충분한 상의와 상담을 통해 계약 사항을 검토하도록 한다. 이는 불공정 거래를 예방하고 계약 당사자 간 해석상 이견으로 인해 향후 발생할 분쟁과 혼란을 사전에 차단하는 하나의 방법이라 할 수 있다.

글을 마치며

이 책은 저작권사용료의 징수와 분배에 관해 계산하면서 공개된 자료만을 활용하였으며 공개되지 않은 자료에 대해서는 산정에 영향을 미치지 않도록 적용하지 않았다. 그리고 일부 필요 부분에 대해서는 역산을 하여 추정하거나 혹은 가정 후 이를 적용하였다. 그러므로 실제 저작물이 이용되어 저작권사용료가 발생하고 분배되는 것과는 차이가 있음을 다시 한번 밝힌다.

> **나는
> 이 책을 읽는 독자 여러분이
> "결과"보다는 "시작"과 "과정"에
> 집중해 주기를 원한다.**

저작물들은 하루가 다르게 매일 새롭게 창작되어서 세상에 나온다. 그리고 그렇게 창작된 저작물들은 여러 매체별로 더 다양하고 복잡한 형태로 이용된다. 이러한 환경에서 저작권법과 관련 협회의 규정, 그에 맞는 징수와 분배 방법을 아는 것은 참으로 어려운 일이다.

그래서 나는 이 책을 통해 여러분이 그 어렵게만 보이는 저작권에 대해 관심을 갖기 "시작"하는 첫걸음을 내딛고, 하나의 음악저작물이 사용되어 저작권자에게 분배되어가는 그 "과정"을 경험해 나가기를 바란다.

이러한 바램을 담아 저작권의 징수와 분배에 대해 자세하면서도 이해하기 쉽게 설명하고자 노력했다. 알아두면 머리아픈 저작권이 아닌 알아두면 돈이 되는 저작권에 대해 알고 이해하는 그 시작과 과정에 이 책이 여러분과 함께 걷는 '벗'이 되어주기를, 그리고 가끔은 앞서 걸어주는 '길잡이'가 되어줄 수 있기를 희망한다.

> **어려움을 함께하는 친구이자
> 궁금증을 해결해 주는 좋은 지침서 같은
> 책이 될 수 있기를...**

참고문헌

참고서적 및 보고서

- 오승종, 『저작권법 강의』(제3판), 박영사(2020)
- 이해완, 『저작권법』(제4판), 박영사(2019)
- 박성호, 『저작권법』(제2판), 박영사(2017)
- 「2022 음악 산업백서」, 한국콘텐츠진흥원(2023)
- 「2021년 하반기 및 연간 콘텐츠산업 동향분석」, 한국콘텐츠진흥원(2022)
- 「2020년도 방송사업자 재산상황 공표집」, 방송통신위원회(2021)
- 「2021년도 방송사업자 재산상황 공표집」, 방송통신위원회(2022)
- 「2021년 방송산업 실태조사 보고서」, 방송통신위원회(2021)
- 「2022년 방송산업 실태조사 보고서」, 방송통신위원회(2022)
- 「2020사업연도 경영평가보고서」, KBS 한국방송(2021)
- 「2018년 한국 영화산업 결산」, 영화진흥위원회(2019)

참고사이트

- 기업공시채널 KIND https://kind.krx.co.kr
- 행정안전부 지방행정 인허가 데이터 LOCALDATA https://www.localdata.kr
- 영화관입장권 통합전산망 KOBIS https://www.kobis.or.kr/kobis
- 방송통신위원회 https://kcc.go.kr
- 공연예술통합전산망 https://www.kopis.or.kr
- 대법원 종합법률정보 https://glaw.scourt.go.kr
- 법제처 https://www.moleg.go.kr

본 저작물은 한국출판인회의에서 개발한 KoPubWorld 돋움체와 Sandoll 社의 산돌명조, 디자인210 社의 공중전화체를 사용하였습니다. 이 중 무료 서체인 KoPubWorld 돋움체는 한국출판인회 홈페이지에서 다운로드하실 수 있습니다.

돈으로 말하는 음악 저작권

초판1쇄 발행	2023년 05월 23일
지은이	문성운, 목정원
펴낸이	문성운
펴낸곳	엠스토리. MSTORY.
주소	경기도 파주시 청석로 272, 1004호
출판등록	2022년 12월 27일 제2022-000152호
이메일	mstory2022@naver.com
디자인	디자인오팔
인쇄	예림인쇄
ISBN	979-11-982645-7-2 (13010)

* 이 책은 저작권법에 의해 보호를 받는 저작물로, 무단전재와 무단복제를 금합니다.
* 파본은 구입하신 서점에서 교환해드립니다.